Faszination AlpenPanorama

Michael Reimer

frischluft | EDITION

Je mehr Bergketten und Gipfel am Horizont auftauchen, desto größer ist die Begeisterung. Dabei spielt es keine Rolle, ob der Betrachter das Panorama von einem markanten Aussichtspunkt im Alpenvorland oder von einem Münchner Hausberg bewundert. Die Faszination steigert sich, wenn die Gewissheit hinzukommt, die sich in klarer Luft bizarr gegen den Himmel abzeichnenden Berge auch bestimmen zu können. Häufig sind bei der wohlverdienten Brotzeit Stimmen benachbarter Wanderer zu vernehmen, die sich in der Disziplin Gipfelbestimmung besonders hervortun. Auch wenn sie sich bei genauerem Hinhören zuweilen als kleine Hochstapler erweisen.

Irgendeinen Gipfel erkennt fast jeder, und sei es aus Erinnerung an vergangene schöne Ausflüge. Oder weil bestimmte Berge wie der Guffert oder Roß- und Buchstein eine charakteristische, unverwechselbare Form haben. Doch sobald es auch nur um die Zuordnung einzelner Bergketten geht, scheitern die meisten Wanderer trotz guten Willens. Dabei würden sie gerne ihre geografischen Kenntnisse vertiefen und somit buchstäblich ihren Horizont erweitern. Weil es unter anderem Spaß bereitet, sich an einem heiteren Gipfelquiz wenigstens ansatzweise beteiligen zu können.

Raffelspitze
2323m

Hochkarspitze
2482 m

Wörner
2474 m

Leutascher Dreitorspitze
2682 m

Partenkirchener Dreitorspitze
2633 m

Soiernspitze
2259 m

Im Zeitalter der Digitalfotografie greift die Faszination Alpenpanorama auf immer mehr Hobby- und Profifotografen über. Auch wir haben Stativ und Spiegelreflex-Kamera mit auf den Berg getragen, die querformatigen Bilder später in ein Panorama verwandelt und dann die wichtigsten Gipfel bestimmt. Für die Aufnahmen benötigt man jedoch nicht nur schönes Wetter, sondern auch klare Sicht. Aufziehender Nebel oder tageszeitlich bedingte Eintrübung machen es dem Panorama-fotografen nicht immer leicht. Manche Berge lassen mehrmals bitten, bis sie passable Bedingungen bieten. Umso größer dann die Freude, wenn sich das Panorama-Gipfelglück an einem „perfekten Tag" mit bester Fernsicht wie von selbst einstellt. Wobei auch Tage mit wechselhaften Stimmungen äußerst

reizvoll sein können. Es muss nicht immer das „Traum-Panorama" mit grenzenloser Sicht und in voller Darstellung sein.

Unser Gipfelbestimmungsbuch ist eine Mischung aus kleinem Bildband, den man im gemütlichen Wohnzimmer gerne mal durchstöbert, Wanderguide, der zu Ausflügen in Richtung Berge animiert und Wegweiser, der beim Wiedererkennen von Gipfeln Abhilfe leistet. Vielleicht ist das Erfolgserlebnis bei der nächsten Gipfelbesteigung ja bereits dann gegeben, wenn man das Karwendel- vom Wettersteingebirge unterscheiden kann. Oder wenn man aus den fernen Hohen Tauern den majestätischen Großvenediger erblickt.

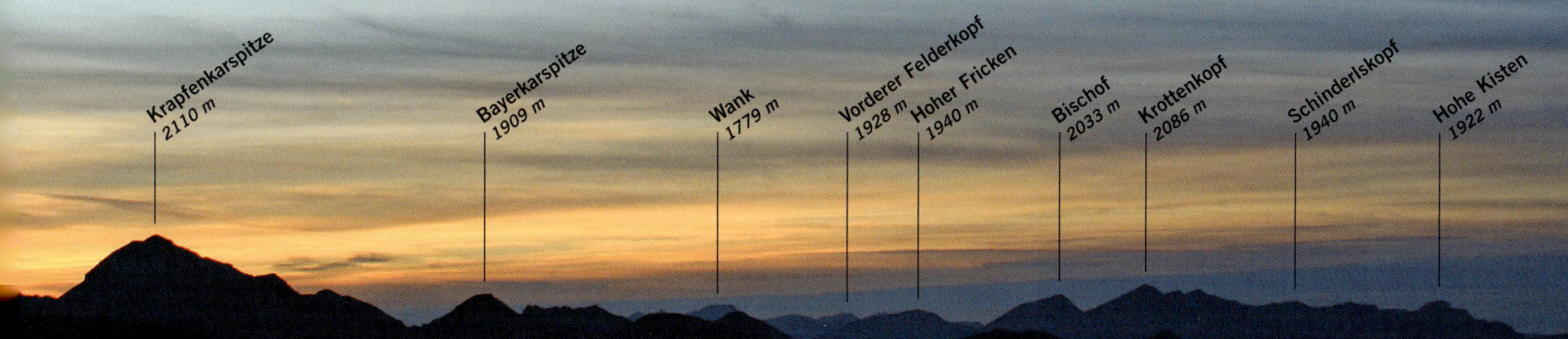

Krapfenkarspitze 2110 m
Bayerkarspitze 1909 m
Wank 1779 m
Vorderer Felderkopf 1928 m
Hoher Fricken 1940 m
Bischof 2033 m
Krottenkopf 2086 m
Schinderlskopf 1940 m
Hohe Kisten 1922 m

a Benediktenwand *1801 m*
Seite 64

b Karwendelgebirge

c Alpspitze *2628 m (l.)*
Zugspitze *2962 m (r.)*
Seite 28

d Soiernspitze *2257 m*

e Hochvogel *2592 m*

N
W — O
S

MÜNCHEN

STARNBERG

Ammersee

Starnberger See

Dießen

Tutzing

4

5

KAUFBEUREN

Holzkirc

ISAR

1

Schongau

Peißenberg

Seeshaupt

BAD T

KEMPTEN

12

Staffelsee

Benedikt-
beuern

Tege

MURNAU

6

Lenggr

16

Forggensee

Kochel-
see

13 **14**

Immenstadt

Walchensee

9 **a**

FÜSSEN

Sylvens
speic

TANNHEIMER BERGE

AMMERGAUER ALPEN

2

8

Ache

WETTERSTEINGEBIRGE

3

Garmisch-Partenkirchen

15

d

KARWENDEL-

Plansee

11

b **i**

Ache

7 **c**

Mittenwald

GEBIRGE

Oberstdorf

e

ALLGÄUER ALPEN

10

Ehrwald

Leutasch

MIEMINGER
BERGE

Seefeld
in Tirol

INNSBRUCK

LECHTALER ALPEN

Imst

St. Anton

Landeck

STUBAIER ALPEN

Neustift

29

B
R
E
N
N
E
R

VERWALLGRUPPE

ÖTZTALER ALPEN

Zuckerhütl
3507 m

Ischgl

EBERSBERG

WASSERBURG

INN

Rott

ying

CHIEMSEE
Chieming

17

23 MANGFALL ROSENHEIM

Prien

TRAUNSTEIN

hamer
ee

MIESBACH

SALZBURG

Aschau

Inzell

Bad
Reichenhall

Schliersee 26

Fischbachau

ttach

24

25

BIRGE

28

27

Reit im
Winkl

Berchtesgaden

ZAHMER KAISER

BERCHTESGADENER ALPEN

Lofer

21 h

KUFSTEIN

WILDER KAISER j

LOFERER
STEINBERGE

STEINERNES MEER

Königssee

St. Johann

Wörgl

Kitzbühel

KITZBÜHELER ALPEN

Zell am See

KER ALPEN

Kaprun

GLOCKNERGRUPPE

0

Mayrhofen

▲ Großes Wiesbachhorn
3564 m

▲ Großglockner
3798 m

HOHE TAUERN

RTALER ALPEN

VENEDIGER-
GRUPPE k

Bad Gastein

Matrei

▲ Schwarzenstein
3368 m

Hochfeiler
3510 m

f Roß- (r.) und Buchstein (l.)
1698 m, 1701 m

g Blauberggrat

h Guffert 2195 m
Seite 104

i Kaltwasserkarspitze 2733 m (l.)
Birkarspitze 2749 m (m.)
Ödkarspitzen 2745 m (r.)

j Wilder Kaiser

k Großvenediger 3662 m

5

Ausflugsziele mit Wandertipps

Abstieg vom Guffert an einem schönen Herbsttag …

unserer 30 ausgewählten Panoramaziele ist mit mindestens einem konkreten Tipp für eine Wanderung versehen.

Bereits im Alpenvorland gibt es reizvolle Aussichtspunkte, von denen sich die bayerischen Berge von ihrer schönsten Seite zeigen. Selbst der Irschenberg, den 99 Prozent aller Autofahrer mit dem stauanfälligen Nadelöhr auf der Autobahn in Richtung Salzburg verbinden, bietet eine hervorragende Plattform für ein stimmungsvolles Bergpanorama. Echte Panorama-Klassiker sind auch die „Schöne Aussicht" über dem Mangfalltal, die Ilkahöhe am Starnberger See und der Hohenpeißenberg im Pfaffenwinkel. Die Aussichtspunkte im Alpenvorland eignen sich übrigens hervorragend, um sich langsam an die Gipfelbestimmung anzunähern.

Jeder, der sich gerne an frischer Luft bewegt und sich am Anblick einer Bergkette erfreut, wird von der *Faszination Alpenpanorama* gefangen genommen. Wenn sich die Alpenkette an klaren Tagen von ihrer schönsten Seite zeigt, strömen die Ausflügler scharenweise in Richtung Berge. Der Genuss eines Bergpanoramas hängt nicht davon ab, ob man sich an einem Aussichtshügel die Füße vertritt, mit der Bergbahn einen Münchner Hausberg anvisiert oder abseits vom Rummel einen gestandenen Gipfel erklimmt. Grund genug, die Ausflugsziele in diesem Buch gleichermaßen für Spaziergänger, Seilbahn-Touristen und „echte" Gipfelstürmer zusammenzustellen. Jedes

Als zweite Kategorie sind Aussichtsberge gefragt, die mit Bergbahnen erschlossen sind. Vom Chiemgauer Hochfelln über Kampenwand, Wendelstein, Wallberg, Brauneck und Wank bis zur Zugspitze reihen sie sich wie an einer Perlenkette aneinander. Manche mögen über die „künstlichen Aufstiegshilfen" lästern, doch für den spontanen Feierabendausflug oder für weniger mobile und fitte Menschen bieten sie eine willkommene Gelegenheit, um auch in den Genuss einer Aussichtskanzel zu kommen. Zumal man ja auch hier je nach Gusto schöne Wanderwege findet.

Die echten Bergsteiger treffen sich freilich auf Gipfeln fernab menschlicher Zivilisation. Von Berghütten und -almen abgesehen wandern sie bevorzugt auf schönen Bergpfaden empor und genießen die Ruhe. Aus eigener Erfahrung wissen wir jedoch, dass bei längeren Bergwanderungen das Wetter schon sehr stabil sein muss, um am Gipfel dann auch in den Genuss eines standesgemäßen Panoramas zu kommen. Sämtliche im Buch vorgestellten Wandergipfel sind mit den wichtigsten Anstiegsrouten nebst Einkehr- und Übernachtungstipps versehen.

Im Wandel der Jahreszeiten

Die besten Chancen auf ein weitreichendes Panorama hat man zur kalten Jahreszeit. Während im Sommer Tage mit guter Fernsicht aufgrund der Sonneneinstrahlung und der damit verbundenen Dunstbildung eine echte Rarität sind, beginnt ab September langsam die Hochsaison für Panoramafreaks. Im „Goldenen Oktober" 2008 etwa waren die Bedingungen durchschnittlich an fast jedem zweiten Tag mehr als akzeptabel. Im Winter setzt sich der Trend für klare Tage mit bester Fernsicht fort, bevor im Frühjahr eher wieder schlechtere Bedingungen angesagt sind.

... und vom Breitenstein im Leitzachtal. Auch im Hochwinter herrscht oft gute Fernsicht, das schräge Sonnenlicht begeistert.

Wetterbeobachtung für das beste Panorama

Selbst geübten Panoramafreunden fällt es schwer, die Tage mit den jeweils besten Bedingungen abzupassen. Wesentliche Kriterien für die Sichtverhältnisse sind die Klimafaktoren Luftfeuchtigkeit, Temperatur und Wind. Im Sommer hat man nach Abzug eines Regengebiets die besten Chancen auf gute Sicht in den Bergen. Je früher man unterwegs ist, desto schärfer zeichnen sich oft die Konturen gegen den Himmel und Taldunst ab. Im Winterhalbjahr bieten Föhntage und Inversionswetterlagen mit kalter Bodenluft und milden Temperaturen in mittleren Höhen beste Voraussetzungen für den Fernblick.

Auf die Wettervorhersage ist leider wenig Verlass. Zwar liefern die Wetterstationen im Zeitalter der Satelliten allerhand Details zu Ozonwerten und Pollenflug, über die Fernsicht auf den Bergen erfährt man jedoch nichts. Selbst der Wetterbericht des Alpenvereins schweigt sich zu diesem Thema meistens aus. An einem Septembertag ließen wir uns von der Meldung „Auf den Bergen sehr gute Fernsicht" zu einer Wanderung auf die Benediktenwand animieren, um dann auf dem Gipfel in der Hoffnung auf bessere Sichtverhältnisse stundenlang im Nebel auszuharren. Kühle Luftmassen aus Nordost hatten überraschend feuchte Luft an die Berge gedrückt.

Konsequenterweise informiert man sich via Internet in Eigenregie über das aktuelle Wettergeschehen. Unter www.wetteronline.de findet man im Untermenü „Vorhersagen Deutschland" zum Beispiel beim Anklicken der Orte Rosenheim (Klinikum, Alpenblick), Wendelstein oder Zugspitze interessante Webcams, die den Istzustand inklusive Sichtverhältnisse brauchbar dokumentieren. Die Bergbahnen geben ebenfalls Auskunft über die aktuellen Sichtverhältnisse.

Wie ein dampfender Vulkan: Die aufsteigende Talwolke zieht zum Frieder-Hochplateau und verdeckt die Zugspitze. Dennoch zeichnet sich an diesem Oktobertag eine hervorragende Fernsicht ab.

Strategie für die Gipfelbestimmung

1. Regionen im Zielgebiet

Vor der Bestimmung einzelner Gipfel sollte man sich mit Hilfe markanter Gebirgsketten einen Gesamtüberblick verschaffen.

Bevor man sich an der Bestimmung einzelner Gipfel versucht, sollte man sich einen geografischen Gesamtüberblick über das jeweilige Zielgebiet verschaffen. Auf der Übersichtskarte (siehe Seite 4–5) sind die bayerischen Alpen zwischen Chiemgau und Pfaffenwinkel dargestellt. Die Orientierung ist im Prinzip ganz einfach: Das Inntal grenzt das Chiemgau im Osten vom Mangfallgebirge mit den Regionen Bayrischzell, Schliersee und Tegernsee ab. Weiter westlich folgen das Tölzer Land mit dem südlich angrenzenden Karwendelgebirge, das Werdenfelser Land mit dem Wettersteingebirge und der Pfaffenwinkel mit den Ammergauer Alpen. Wer sich bei seinem Panorama-Ausflug die Lage seines Tagesziels zu den benachbarten Regionen und Gebirgsketten verinnerlicht, hat den ersten Schritt zu einer erfolgreichen Gipfelbestimmung bereits geschafft. Beispiel Brauneck: Der Talort Lenggries liegt im Isartal, die Isar entspringt im Karwendelgebirge, das somit im Süden zu sehen ist;

das Werdenfelser Land grenzt im Westen an, folglich muss auch die Zugspitze weiter westlich auftauchen; das Tegernseer Tal wiederum grenzt im Osten an, also können bekannte Berge wie Hirschberg oder Halserspitze nur in dieser Richtung liegen ...

2. Markante Gebirgsketten und Berggipfel

Die Orientierung am Gipfel wird auch dadurch erleichtert, dass manche Gebirgsketten eine sehr charakteristische Form haben. Klassisches Beispiel hierfür ist das Karwendelgebirge, das mit seinen schroffen, oft zackigen Felsgipfeln von allen Gipfeln der bayerischen Voralpen auf Anhieb zu bestimmen ist. Im Westen grenzt das schroffe Wettersteingebirge an. Und im Osten liegt jenseits des deutlich sanfteren Mangfallgebirges mit dem Wilden Kaiser ein weiteres prägnantes Felsgebirge.

Nach dem Erkennen der Gebirgsketten kann man sich langsam an die Bestimmung einzelner Berggipfel herantasten. Jedes Gebirge hat seine dominanten Berggestalten, die bei der Bestimmung unscheinbarer Gipfelnachbarn als wertvolle Orientierung dienen: Im Wettersteingebirge die steil nach Westen abfallende Zugspitze, die schön geformte Alpspitze und das Gipfel-Trio der Dreitorspitze; im Karwendel die Birkkarspitze zwischen dem kühnen Felshorn der Kaltwasserkarspitze und den drei Ödkarspitzen sowie die einer Pyramide gleichende Soiernspitze; im Tegernseer Tal die tafelbergähnlichen Hirschberg und Wallberg sowie die markanten Felshörner Blankenstein (neben dem Risserkogel), Roß- und Buchstein und Leonhardstein; Richtung Achensee die unverwechselbare Berggestalt des Gufferts; im Chiemgau die an eine Festung erinnernde Kampenwand.

3. Erweiterung des Horizonts

Zu einer guten Fernsicht gehört natürlich auch das Erkennen entfernterer Bergketten. Überraschend oft geben sich mangels höherer Zwischengebirge von vielen unserer Aussichtsgipfel die Hohen Tauern die Ehre. Noch markanter als der Großglockner, mit 3798 Metern immerhin Österreichs höchster Gipfel, zeigt sich der Großvenediger mit seinen langgezogenen Firngraten. Wer näher an die Gletscherberge heranrücken will, sollte wahlweise die Pleisenspitze, den Hochiss oder noch besser: den Blaser oder die Hippoldspitze in Tirol besteigen. Im Osten reicht der Blick bei klarer Luft oft bis zu den Loferer Steinbergen und Berchtesgadener Alpen, im Westen zu Tannheimer Bergen und Allgäuer Alpen. Von der Zugspitze sind sogar Ortler, Bernina und Säntis zu sehen.

Übernachten am Berg

Bei Bergen mit längerem Anstieg lohnt unter Umständen ein Nachtbiwak in Gipfelnähe, um mit Sonnenaufgang und -untergang gleich zwei Optionen auf ein zumindest sehr stimmungsvolles Panorama zu haben. Vor allem bei stabiler Sommerwetterlage bietet sich je nach Verhältnissen vor Ort eine Nacht unter freiem Himmel an. Mit Schlafsack, Matte und zusätzlicher Kleidung wird zwar das Gepäck schwerer, das Erlebnis in freier Natur gleicht dieses kleine Handicap aber mehr als aus. Die besten Schlafplätze oberhalb von Waldgrenze und Kuhweide muss sich jeder individuell erschließen. Selbstverständlich hat der Umweltschutz stets oberste Priorität.

Roter Abendhimmel an der Benediktenwand, es folgt ein kühles Nachtbiwak auf der Kuhweide am Setzberg.

Alternativ zum Biwakieren unter freiem Himmel stehen vor allem im Sommerhalbjahr zahlreiche Hütten für die Übernachtung offen. Bei den klassischen Alpenvereinshütten ist eine vorzeitige Reservierung ratsam. Auch manche Almen bieten Nachtquartiere an. Entsprechende Tipps und Anregungen gibt es im Informationskasten zu den jeweiligen Wanderzielen.

Der Karwendel-Hauptkamm im Abendlicht von der Quengeralm im Brauneckgebiet. Eine gute Gelegenheit, sich vor allem die Gipfelform von Kaltwasserkarspitze über Birkkarspitze und Ödkarspitzen bis zur Östlichen Karwendel- und Vogelkarspitze einzuprägen (hinter dem vorgelagerten Schafreuter, der an seinem langen Gipfelgrat leicht erkennbar ist, v.l.n.r.).

Kampenwand 1669 m
Geigelstein 1813 m
Wendelstein 1838 m Seite 128
Hochmiesing 1883 m Seite 118
Fockenstein 1564 m
Setzberg 1706 m Seite 96
Seekarkreuz 1601 m Seite 80
Brauneck 1555 m Seite 70
Benediktenwand 1801 m Seite 64
Rabenkopf 1555 m
Juifen 1987 m
Hochiss 2299 m Seite 110
Jochberg 1565 m Seite 40
Großvenediger 3662 m
Schafreuter 2102 m Seite 74
Herzogstand 1731 m
Heimgarten 1788 m
Östliche Karwendelspitze 2536 m
Birkkarspitze 2749 m
Simetsberg 1836 m
Wörner 2474 m
Pleisenspitze 2567 m Seite 46
Hohe Kisten 1922 m
Krottenkopf 2086 m
Hoher Fricke
194

Chiemgauer Berge · Mangfallgebirge · Karwendelgebirge · Estergebirge

Anfahrt

ÖVM DB Weilheim und Regionalbahn nach Peißenberg bzw. Hohenpeißenberg; Busverbindung zwischen den Orten

Auto B 2 Weilheim, weiter über Peißenberg nach Hohenpeißenberg (B 472)

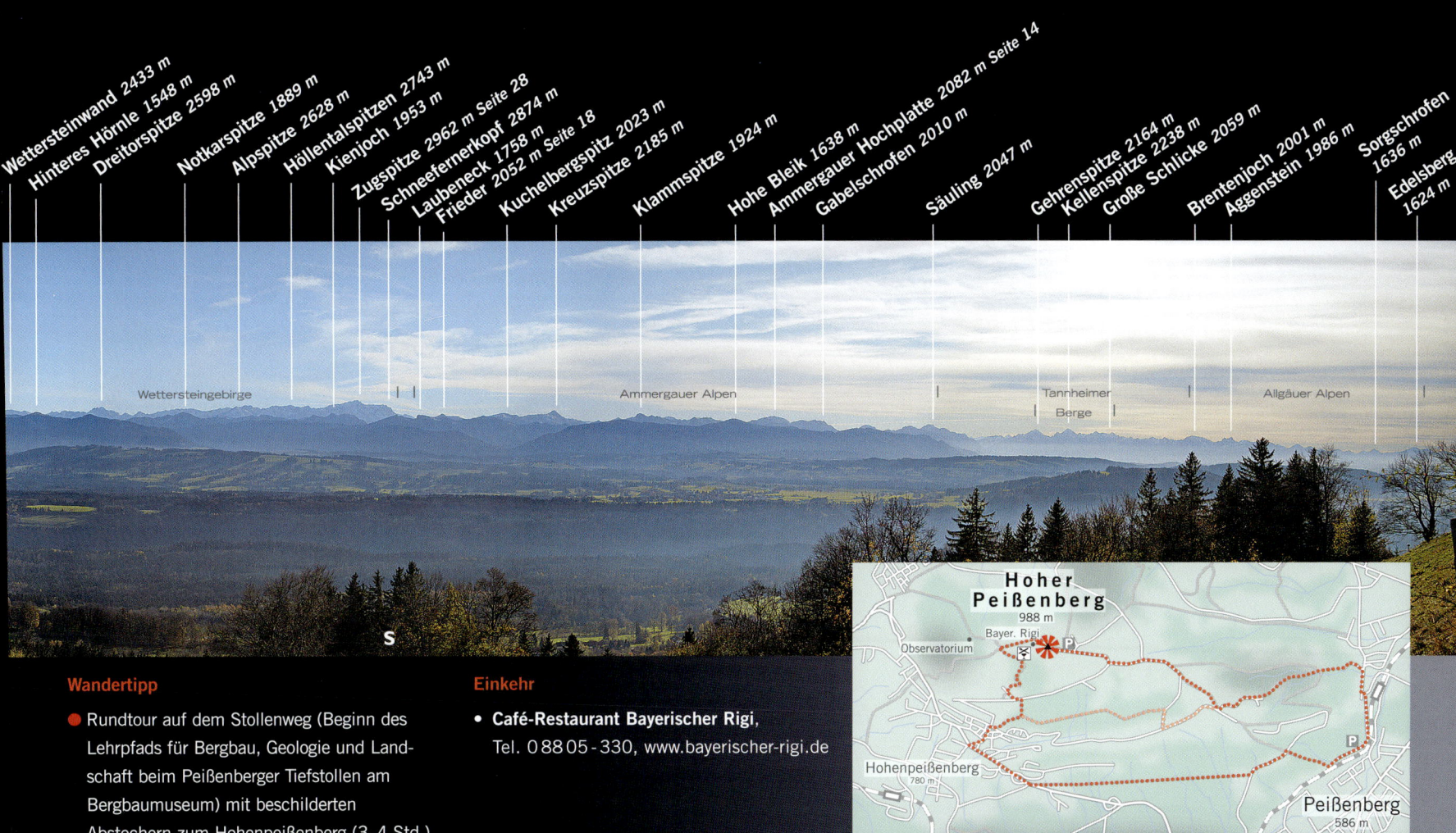

Wettersteinwand 2433 m
Hinteres Hörnle 1548 m
Dreitorspitze 2598 m
Notkarspitze 1889 m
Alpspitze 2628 m
Höllentalspitzen 2743 m
Kienjoch 1953 m
Zugspitze 2962 m Seite 28
Schneefernerkopf 2874 m
Laubeneck 1758 m
Frieder 2052 m Seite 18
Kuchelbergspitz 2023 m
Kreuzspitze 2185 m
Klammspitze 1924 m
Hohe Bleik 1638 m
Ammergauer Hochplatte 2082 m Seite 14
Gabelschrofen 2010 m
Säuling 2047 m
Gehrenspitze 2164 m
Kellenspitze 2238 m
Große Schlicke 2059 m
Brentenjoch 2001 m
Aggenstein 1986 m
Sorgschrofen 1636 m
Edelsberg 1624 m

Wettersteingebirge

Ammergauer Alpen

Tannheimer Berge

Allgäuer Alpen

S

Hoher Peißenberg 988 m

Observatorium

Bayer. Rigi

P

Hohenpeißenberg 780 m

Peißenberg 586 m

P

Wandertipp

● Rundtour auf dem Stollenweg (Beginn des Lehrpfads für Bergbau, Geologie und Landschaft beim Peißenberger Tiefstollen am Bergbaumuseum) mit beschilderten Abstechern zum Hohenpeißenberg (3–4 Std.)

Einkehr

• **Café-Restaurant Bayerischer Rigi**, Tel. 0 88 05 - 330, www.bayerischer-rigi.de

Morgenstimmung am Berg

Nur wenige Meter unter der Hochplatte liegt eine Grasmulde, das sogenannte Gamsangerl. Hier zu übernachten würde den Weg zum Erlebnis Sonnenaufgang auf dem Gipfel am folgenden Morgen erheblich verkürzen. Doch am Vorabend ist der Berg der Wetterprognose zum Trotz von dichten Nebelschwaden umhüllt. Da man vor lokalen Sommergewittern niemals sicher sein kann, breiten wir unsere Schlafsäcke besser unterhalb des Weitalpjochs im Schutz der Latschen aus.

Mit der frühen Sonne im Rücken am Gipfelgrat der Hochplatte

In den Morgenstunden dann heller Mondschein, sodass wir den Zeitpunkt der Dämmerung beinahe verpassen. Der Himmel ist wolkenfrei, die Sicht aber enttäuschend diesig. Mit jeder Minute verschlechtert sich das Panorama. Deshalb fangen wir die Stimmung bereits unterhalb des Gipfels ein, der aus einer markanten, die Umgebung deutlich überragenden Felsplatte besteht. Kurz vor der Aufnahme hat uns ein aufgeschrecktes Gamsrudel fast über den Haufen gerannt.

Blick Richtung Allgäu

Die dunklen Ketten der Ammergauer Berge zeichnen sich klar gegen den Himmel ab. Neben der Zugspitze sind die Mieminger Berge und Lechtaler Alpen immerhin schemenhaft zu erkennen. Die Tannheimer Bergwelt bleibt uns aber so gut wie verwehrt, ganz zu schweigen vom Einblick in die Allgäuer oder Ötztaler Alpen. Direkt unter uns erkennt man im Norden den Geiselstein, der dank seiner aus Sicht der Kenzenhütte schroffen Felsspitze auch als „Matterhorn der Ammergauer" bezeichnet wird.

Großartige Gipfelüberschreitung

Von beiden Seiten – also sowohl von der Kenzenhütte als auch von der Ammerwaldalm – kann man die Hochplatte im Rahmen einer kurzweiligen Rundtour überschreiten. Zu beachten ist, dass der Westgrat zum „Fensterl" teilweise abschüssig ist und somit Trittsicherheit und Schwindelfreiheit erfordert. Sowohl beim Abstieg nach Süden als auch nach Norden gibt es im Roggentalbach und Halblech einladende Badegumpen, eine wohltuende Erfrischung an heißen Sommertagen.

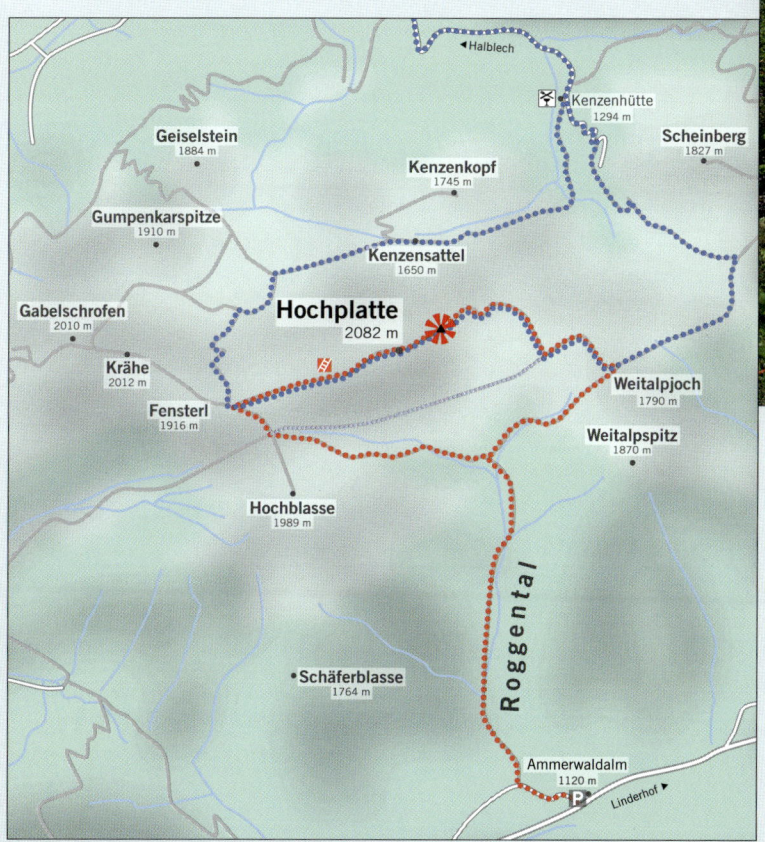

Wasserfälle im tief eingeschnittenen Roggenbachtal

Geiselstein 1884 m

Gumpenkarspitze 1910 m

Gabelschrofen 2010 m

Krähe 2012 m

Fensterl 1916 m

Kenzenhütte 1294 m

Kenzenkopf 1745 m

Scheinberg 1827 m

Kenzensattel 1650 m

Hochplatte 2082 m

Weitalpjoch 1790 m

Weitalpspitz 1870 m

Hochblasse 1989 m

Roggental

Schäferblasse 1764 m

Ammerwaldalm 1120 m

Linderhof ▶

◀ Halblech

Anfahrt

ÖVM Von Füssen (mit der Bahn aus München und Ulm erreichbar) verkehren Busse nach Halblech.

Auto A 95 Richtung Garmisch-Partenkirchen, in Oberau nach Ettal hochfahren und über Schloss Linderhof zum kleinen Parkplatz an der Ammerwaldalm; A 96 Ausfahrt Landsberg am Lech, B 17 nach Halblech (Wanderparkplatz Bruckschmied)

Gipfelanstiege

● Von der Ammerwaldalm durch das tief eingeschnittene Roggental, oberhalb der Baumgrenze wahlweise über das „Fensterl" (nur für Geübte) oder Weitalpjoch zum abschüssigen Gipfel (3 Std., 1000 HM)

● Ab Kenzenhütte (von Halblech mit dem Kleinbus oder zu Fuß von Bruckschmied über Lettenfleck in 2 1/2 Std. erreichbar) auf dem Maximiliansweg zum Weitalpjoch und über den verkarsteten Westrücken (leichte Route) oder über Kenzensattel und „Fensterl" sowie den ausgesetzten Westgrat (Drahtseile; 2 1/2–3 Std., 850 HM)

Berghütte

● **Kenzenhütte** (1294 m), Tel. 0 83 68 - 390, Christi Himmelfahrt bis Kirchweih (3. So. im Okt.), www.berggasthof-kenzenhuette.de

Weitwanderweg

Der Maximiliansweg (E 4) führt von der Kenzenhütte zum Weitalpjoch und quert die Südwand der Hochplatte in Richtung Westen.

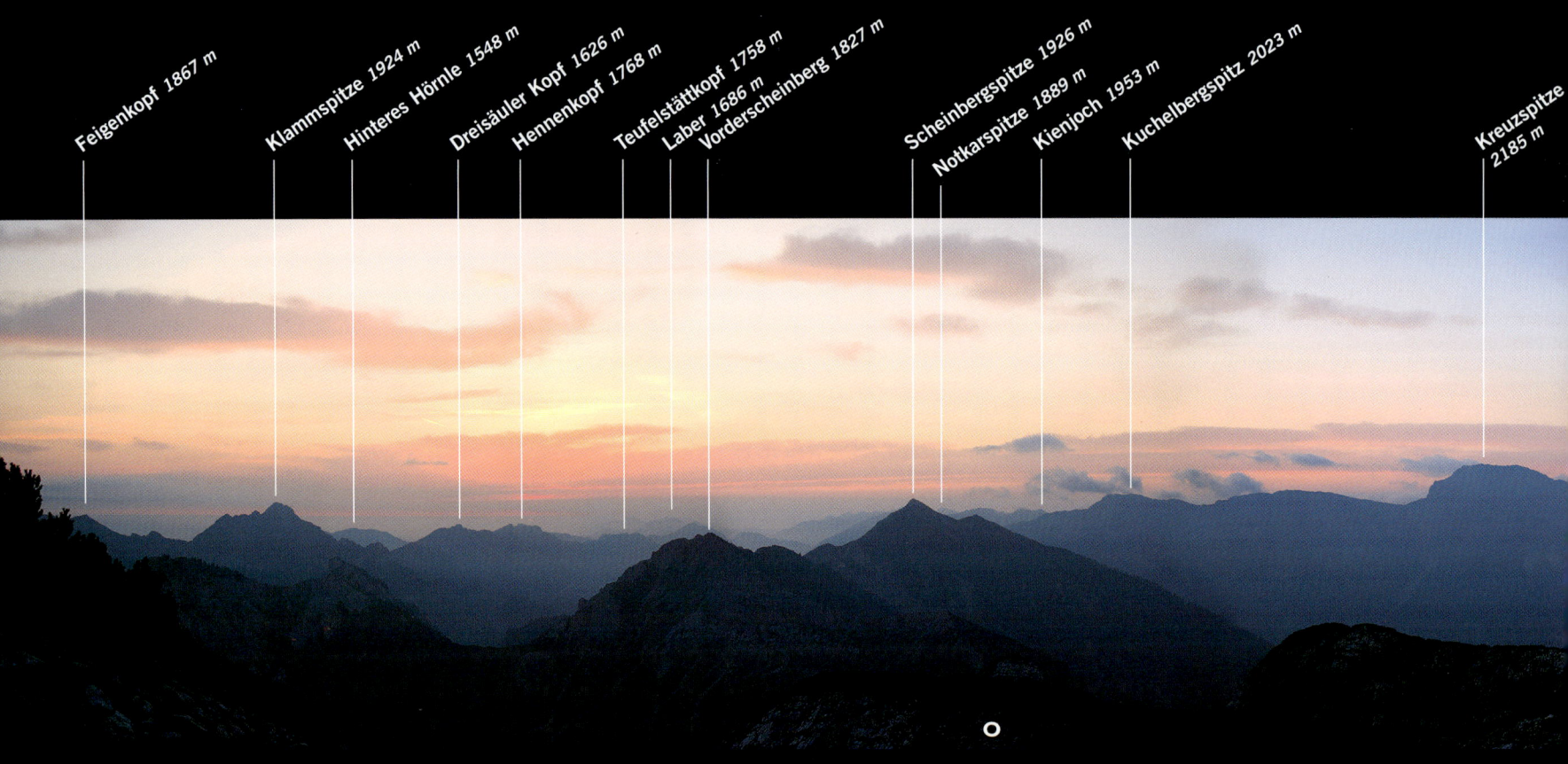

Feigenkopf 1867 m
Klammspitze 1924 m
Hinteres Hörnle 1548 m
Dreisäuler Kopf 1626 m
Hennenkopf 1768 m
Teufelstättkopf 1758 m
Laber 1686 m
Vorderscheinberg 1827 m
Scheinbergspitze 1926 m
Notkarspitze 1889 m
Kienjoch 1953 m
Kuchelbergspitz 2023 m
Kreuzspitze 2185 m

Zugspitze 2962 m *Seite 28*

Geierkopf *Hauptgipfel* 2162 m

Geierkopf *Westgipfel* 2143 m

Daniel 2342 m

Upsspitze 2332 m

Hochschrutte 2247 m

Kohlbergspitze 2202 m

Thaneller 2341 m

Wettersteingebirge

S

Im Anblick der Zugspitze

Obwohl das Zugspitzmassiv den Blick in Richtung Südosten versperrt, kann sich das Panorama sehen lassen. Auch die Wanderwege zum Gipfelstock sind ausgesprochen schön. Wer hier das Glück hat, an einem kühlen Herbsttag durch die Nebeldecke zu stoßen und somit die umliegenden Berge teilweise mit Wolkenkranz zu Gesicht zu bekommen, genießt den Bergtag in vollen Zügen.

Sanfte Wiesen am Fuß der Friederspitz. Im Rücken der Wanderer der Hohe Ziegspitz, dahinter Mittenwalder Karwendelkette von Wörner bis Brunnstein sowie Wettersteinkamm mit Wettersteinwand und Dreitorspitze

E igentlich handelt es sich bei unserem Wanderziel um einen Doppelgipfel: Während die Friederspitz leicht zu besteigen ist, erfordert der über einen Verbindungsgrat zum nur vier Meter höheren Frieder führende Pfad einen Gegenabstieg von etwa 80 Höhenmetern. Da das Bergduo mangels Hütten relativ wenig begangen und Brotzeitplätze ausreichend vorhanden sind, verzichten die meisten Gipfelstürmer auf den Übergang.

Zwischen Loisachtal und Linderhof

Für die Besteigung des Frieders ist neben gut 1200 Höhenmetern auch einiges an Strecke zu bewältigen, weshalb sich die Wanderung zu einer ordentlichen Tagestour ausdehnt. Wir empfehlen den Aufstieg über die Forststraße, die nordwärts in Richtung Schloss Linderhof führt und von Bikern frequentiert wird. Auf diese Weise wird man später mit dem Abstieg über die landschaftlich überaus reizvolle Südflanke in das weitläufige Friedergries belohnt. Gerade im Herbst genießt man auf diese Weise bis zuletzt die wärmenden Sonnenstrahlen, während die Frieder-Alm längst im Schatten liegt. Im Herbstlicht sind auch die Kontraste zwischen den braungrünen Almmatten und dem tiefblauen Himmel am schönsten.

Das Gipfelpanorama wird vom mächtigen Wettersteingebirge mit der Zugspitze geprägt. Am Fuß des Massivs ist der grün leuchtende Eibsee gut zu erkennen. Zwischen Mieminger Gebirge und Lechtaler Alpen erkennt man im Süden die Ötztaler Alpen. Im Westen tauchen Allgäuer Alpen und Tannheimer Berge auf. Und im Osten zeigen sich zwischen Mittenwalder Karwendelkette und Estergebirge Soiernspitze, Schafreuter und Guffert von ihrer schönsten Seite; selbst der Wilde Kaiser ist im Hintergrund noch zu erspähen.

Anfahrt

ÖVM Mit der DB im Stundenrhythmus von München nach Garmisch-Partenkirchen, dort in den Regionalzug nach Griesen umsteigen

Auto A 95 Garmisch und auf der B 23 zum Wegabzweig Ochsenhütte oder zur ehemaligen Grenzstation Griesen (jeweils Parkplätze)

Gipfelanstieg

● Vom Parkplatz Ochsenhütte auf teils steilem Forstweg in ein schönes Hochtal, von dem der in Kehren angelegte Steig abzweigt. Ab Frieder-Alm Gipfelanstieg über weite Wiesen (3 1/2 Std., 1250 HM). Als Abstieg empfiehlt sich der schöne Steig über den Südhang des Berges in das Friedergries.

„Auslaufen" im unteren Friedergries

Friederspitz
2049 m

Frieder-Alm
1653 m

Lausbichel
1952 m

Scharfeck
1926 m

Rotmoos-Alm

Graswangtal

Rauhenstein
1728 m

Rauheck
1636 m

Friedergries

Ofenberg
1174 m

Ochsenhütte

Garmisch-Partenkirchen ▶

Loisach

Griesen
816 m

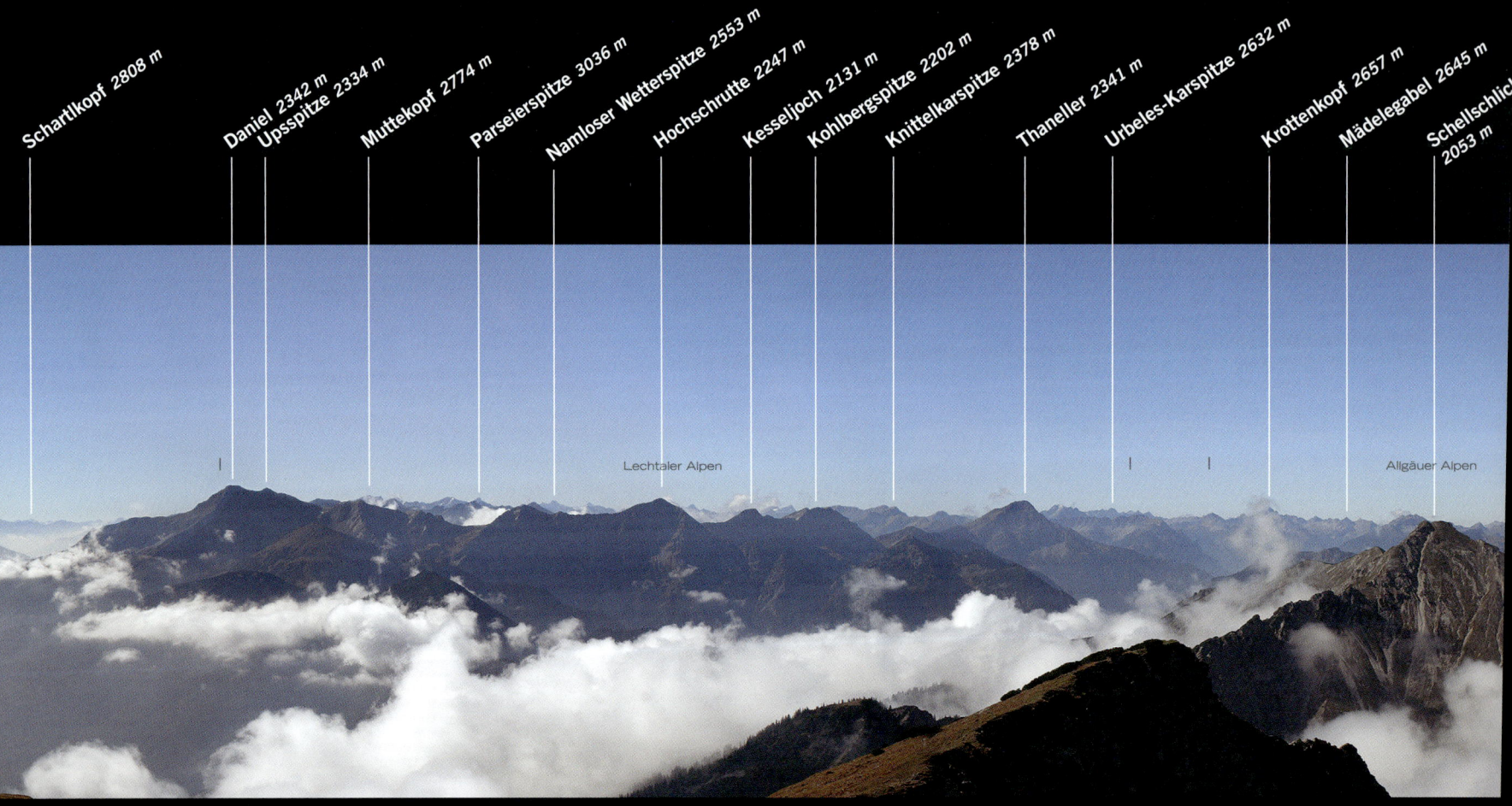

Schartlkopf 2808 m

Daniel 2342 m
Upsspitze 2334 m

Muttekopf 2774 m

Parseierspitze 3036 m

Namloser Wetterspitze 2553 m

Hochschrutte 2247 m

Kesseljoch 2131 m

Kohlbergspitze 2202 m

Knittelkarspitze 2378 m

Thaneller 2341 m

Urbeles-Karspitze 2632 m

Krottenkopf 2657 m

Mädelegabel 2645 m

Schellschlic'
2053 m

Lechtaler Alpen

Allgäuer Alpen

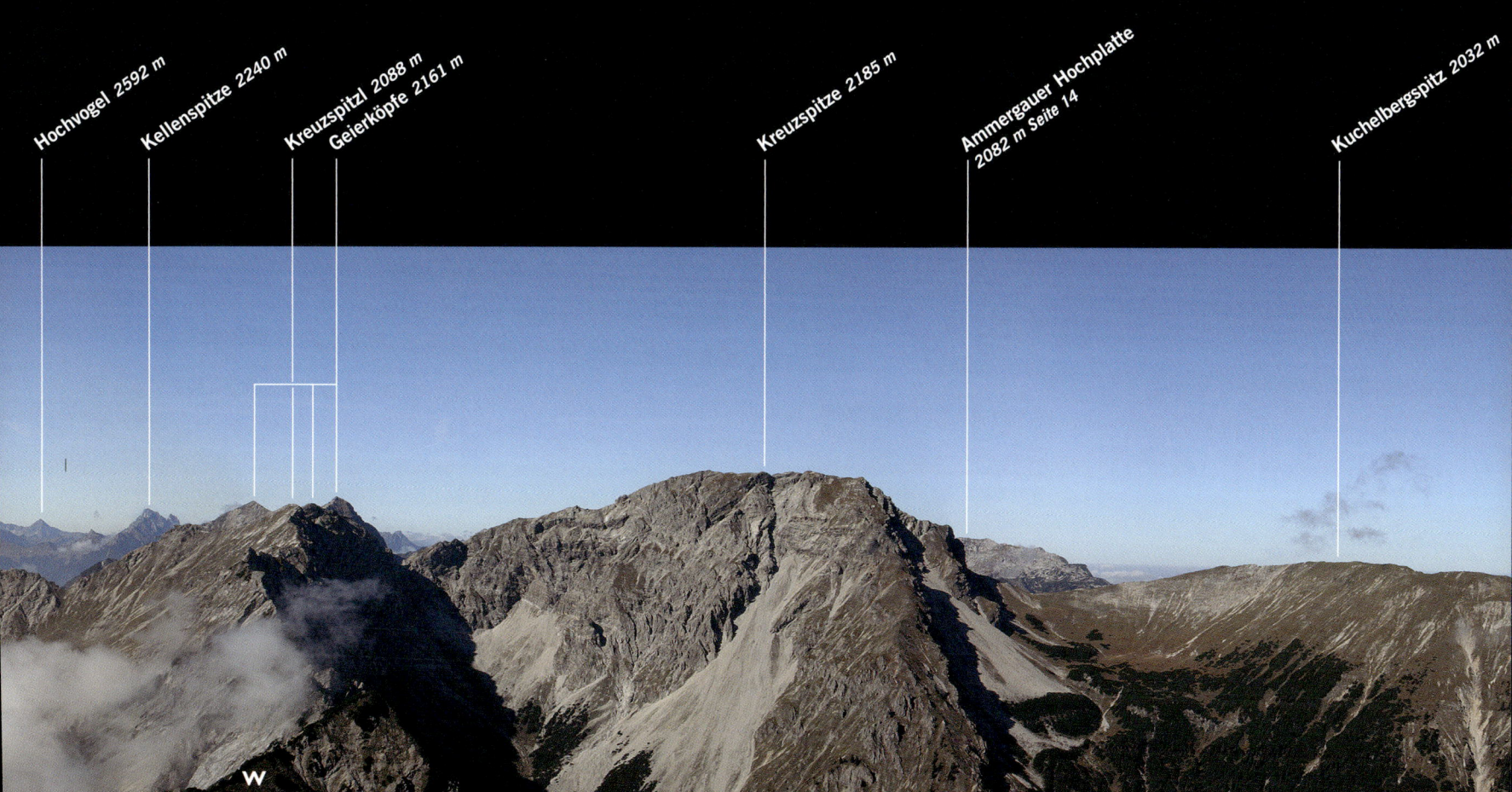

Hochvogel 2592 m

Kellenspitze 2240 m

Kreuzspitzl 2088 m
Geierköpfe 2161 m

Kreuzspitze 2185 m

Ammergauer Hochplatte
2082 m Seite 14

Kuchelbergspitz 2032 m

W

Kampenwand 1669 m
Geigelstein 1813 m
Breitenstein 1622 m
Wendelstein 1838 m Seite 128
Hochmiesing 1883 m Seite 118
Rotwand 1884 m Seite 122
Bodenschneid 1669 m
Wallberg 1722 m
Setzberg 1706 m Seite 96
Risserkogel 1826 m
Hirschberg 1670 m Seite 86
Buchstein 1701 m
Roßstein 1698 m
Guffert 2195 m Seite 104
Blomberg 1248 m
Zwiesel 1348 m
Seite 60

Chiemgauer Berge

Mangfallgebirge

Rauheck 1590 m
Hohe Kisten 1922 m
Krottenkopf 2086 m
Oberer Rißkopf 2049 m
Bischof 2033 m
Dreitorspitze 2598 m
Oberreintalschrofen 2523 m
Hochwanner 2744 m
Alpspitze 2628 m
Höllentalspitze 2745 m
Zugspitze 2962 m Seite 28
Schneefernerkopf 2874 m
Kienjoch 1953 m
Frieder 2052 m Seite 18
Schellschlicht 2053 m
Kreuzspitze 2185 m
Geierköpfe 2162 m
Klammspitze 1924 m
Ammergauer Hochplatte 2182 m
Seite 14

Estergebirge

Wettersteingebirge

Ammergauer Alpen

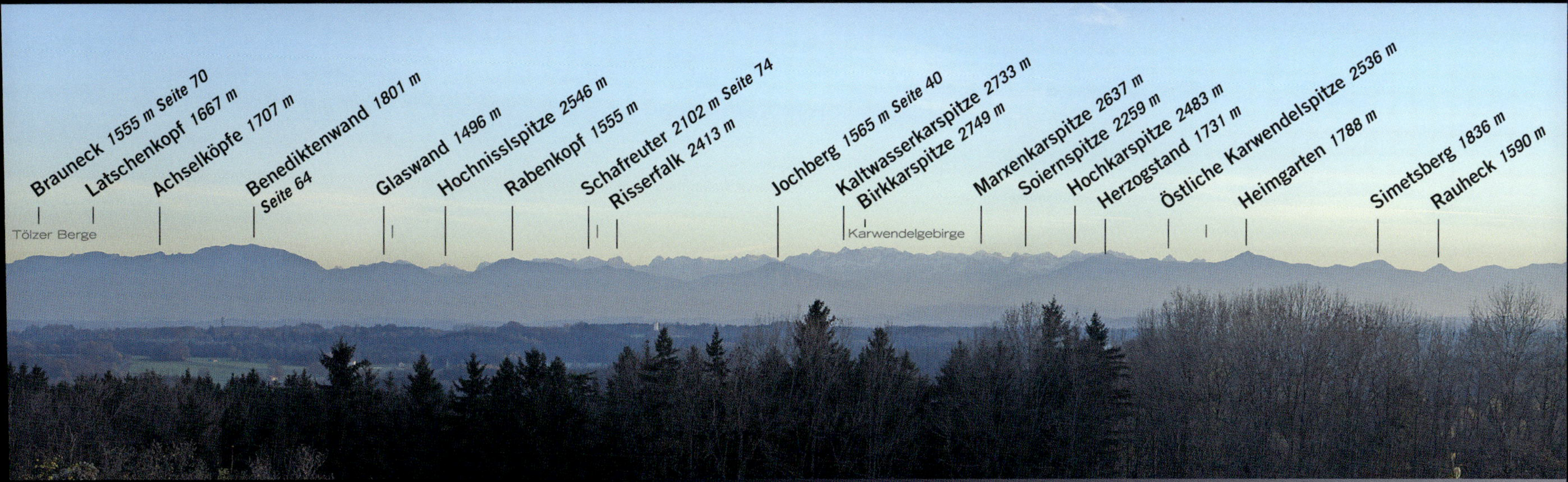
Brauneck 1555 m Seite 70
Latschenkopf 1667 m
Achselköpfe 1707 m
Benediktenwand 1801 m
Seite 64
Glaswand 1496 m
Hochnisslspitze 2546 m
Rabenkopf 1555 m
Schafreuter 2102 m Seite 74
Risserfalk 2413 m
Jochberg 1565 m Seite 40
Kaltwasserkarspitze 2733 m
Birkkarspitze 2749 m
Marxenkarspitze 2637 m
Soiernspitze 2259 m
Hochkarspitze 2483 m
Herzogstand 1731 m
Östliche Karwendelspitze 2536 m
Heimgarten 1788 m
Simetsberg 1836 m
Rauheck 1590 m
Tölzer Berge
Karwendelgebirge

Anfahrt

ÖVM DB oder S 6 nach Tutzing

Auto A 952 Starnberg und am westlichen Seeufer nach Tutzing, Parkplatz an der Monatshausener Straße zwischen Ilkahöhe und Deixlfurter Seen oder am Forsthaus Ilkahöhe

Wandertipp

● Panorama-Rundweg an der Ilkahöhe (ca. 3/4 Std.) und Abstecher zu den Deixlfurter Seen (ca. 1 Std.)

Einkehr

- **Forsthaus Ilkahöhe**, Tel. 08158-8242, Restaurant Mi.–So. ab 12 Uhr, bei warmem Wetter Biergarten, www.ilkahoehe.de

Deixlfurter Seen
Ober-traublingen
P
Ilkahöhe
711 m
Tutzing
588 m
Forsthaus Ilkahöhe
P
Starnberger See

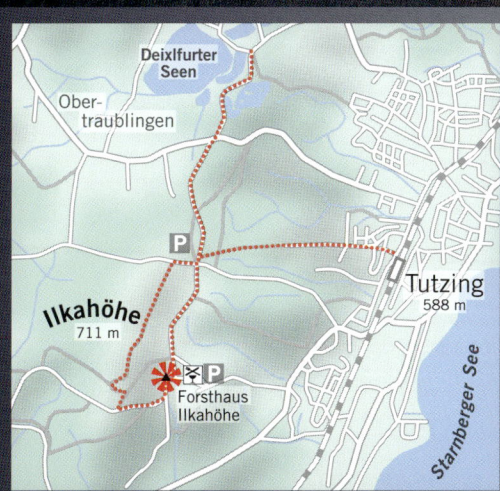

Wendelstein 1838 m
Seite 128

Rotwand 1884 m
Seite 122

Wallberg 1722 m

Hirschberg 1670 m
Seite 86

Halserspitze 1862 m
Seite 92

Guffert 2195 m
Seite 104

Schönberg 1625 m

Unnutz 2078 m

Blomberg 1248 m

Zwiesel 1348 m Seite 60

Brauneck 1555 m
Seite 70

Benediktenwand
1801 m Seite 64

Schafreuter 2102 m
Seite 74

Rabenkopf 1555 m

Birkkarspitze 2749 m

Jochberg 1565 m
Seite 40

Herzogstand 1731 m

Heimgarten 1788 m

Krottenkopf 2086 m

Dreitorspitze 2598

Mangfallgebirge

Tölzer Berge

Karwendelgebirge

S

Attenham

Maria-Dank-Kapelle

Zugspitze 2962 m
Seite 28

Frieder 2052 m
Seite 18

Kreuzspitze 2185 m

Klammspitze 1924 m

Ammergauer Hochplatte
2082 m *Seite 14*

Hohenpeißenberg 988 m
Seite 12

Bernried
Buchheim Museum

Schloss Höhenried

Holzhausen

Unterzeismering
Ilkahöhe 711 m
Seite 22

Starnberger See 584 m

Tutzing

Ammergauer Alpen

Tannheimer Berge

W

Degerndorf

O

Anfahrt

Auto A 95 Ausfahrt Wolfratshausen, über Münsing nach Degerndorf, Parkmöglichkeit am südlichen Ortsende

Wandertipp

● Von Degerndorf bis zur Maria-Dank-Kapelle sind es nur wenige Minuten, deshalb lohnt die kleine Zugabe nach Holzhausen Richtung Starnberger See (ca. 1 Std.)

Holzhausen
am Starnberger See
658 m

Degerndorf
681 m

Münsing

München Garmisch

A 95

Maria-Dank-Kp.
718 m

Benediktenwand 1801 m Seite 64

Rabenkopf 1555 m

Bergelskopf 1413 m

Sonnenspitz 1281 m

Jochberg 1565 m Seite 40

Schafreuter 2102 m Seite 74

Herzogstand 1731

Anfahrt

ÖVM Mit der DB nach Murnau und ca. 1/2 Std. zu Fuß zum Guglhör-Rundweg (östlicher Stadtrand)

Auto A 95 Ausfahrt Sindelsdorf, B 472 Richtung Murnau, von Habach über die Höhlmühle zum Parkplatz am Guglhör-Rundweg oder Ausfahrt Murnau/Kochel und Richtung Murnau, Parkmöglichkeit im Gewerbegebiet Kocheler Straße (nach Loisachbrücke)

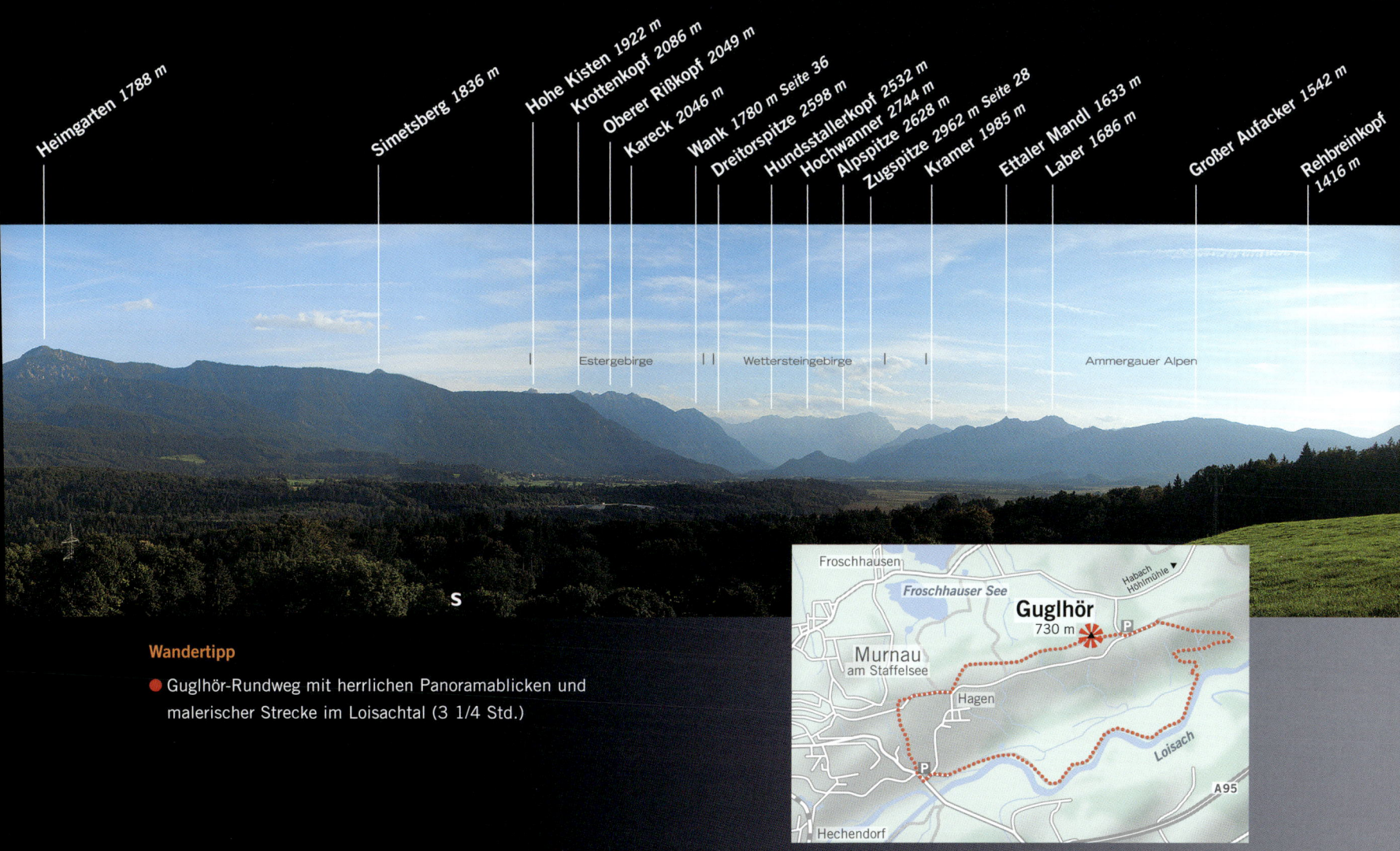

Heimgarten 1788 m

Simetsberg 1836 m

Hohe Kisten 1922 m
Krottenkopf 2086 m
Oberer Rißkopf 2049 m
Kareck 2046 m

Wank 1780 m Seite 36
Dreitorspitze 2598 m
Hundstallerkopf 2532 m
Hochwanner 2744 m
Alpspitze 2628 m
Zugspitze 2962 m Seite 28
Kramer 1985 m

Ettaler Mandl 1633 m
Laber 1686 m

Großer Aufacker 1542 m
Rehbreinkopf 1416 m

Estergebirge   Wettersteingebirge   Ammergauer Alpen

S

Froschhausen
Froschhauser See
Guglhör
730 m
Habach
Höhlmühle
P
Murnau
am Staffelsee
Hagen
Loisach
P
Hechendorf
A 95

Wandertipp

● Guglhör-Rundweg mit herrlichen Panoramablicken und
malerischer Strecke im Loisachtal (3 1/4 Std.)

27

Großartiger Vierländerblick

Deutschlands höchster Berg ist so zubetoniert, dass einem vor lauter Gebäuden und Aussichtsterrassen fast das Gipfelkreuz verborgen bleibt. Dennoch gehört die Zugspitze in ein Panoramabuch wie Christian Neureuther zum weltberühmten Talort Garmisch-Partenkirchen. Denn an klaren Tagen reicht der Fernblick immerhin bis zu Großglockner, Ortler, Biz Bernina und Säntis.

Blick von der Schneefernerscharte über die Station Sonn-Alpin zu den Höllentalspitzen und in Richtung Karwendel

A uch wir haben zwecks der fortgeschrittenen Jahreszeit die Seilbahn benutzt, die in weniger als zehn Minuten von der Talstation Eibsee knapp 2000 Höhenmeter überwindet. Der ambitionierte Bergsteiger benötigt für den klassischen Anstieg durch das Höllental sechs bis sieben Stunden, wer die einfache, aber lange Route über das Reintal wählt, schafft es in dieser Zeit allenfalls bis zur Knorrhütte. Hier finden die Bahnbenutzer Gefallen an der wenig anstrengenden Querung zur Schneefernerscharte, von der sich ein schwindelerregender Tiefblick auf das Ehrwalder Becken ergibt.

Großartiges Panorama

Panoramafreunde sollten sich bei der Zugspitzbahn oder via Internet nach den Wetteraussichten erkundigen. Am besten ist die Fernsicht in den Monaten Oktober bis Februar, wenn man in der klaren Luft oft bis nach Italien und in die Schweiz sehen kann. Während man Österreichs Gipfelgiganten Großglockner und Großvenediger auch von einigen Bergen der bayerischen Voralpen erspähen kann, ist der Anblick des Ortlers schon eine echte Rarität. Letzterer zeigt sich hinter der markanten Ötztaler Watzespitze. Die Engadiner Berninagruppe taucht zwischen dem Grünstein der nahen Mieminger Berge und der Silvretta auf. Und der Säntis sendet seine Appenzeller Grüße direkt am Hochvogel vorbei, welcher mit seiner felsigen Gipfelpyramide an das Matterhorn erinnert. Insgesamt kann man sich an den Bergketten und Gipfeln kaum satt sehen, die unterschiedlichen Terrassen erlauben einen Blick in alle Richtungen. Für den kompletten Rundumblick muss man über eine kurze Leiter das Gipfelkreuz erklimmen, was die Halbschuhtouristen von der nahen Terrasse mit respektvollem Blick begleiten.

Trittsicherheit benötigt man sowohl für den Abstieg von der Bergstation zum Zugspitzplatt als auch für den Mini-Klettersteig zum kreuzgeschmückten Gipfel.

Anfahrt

ÖVM Mit der Deutschen Bahn im Stundenrhythmus von München nach Garmisch-Partenkirchen, ab Bahnhof Umsteigemöglichkeit in die Zugspitzbahn

Auto A 95 Garmisch bzw. B 2 Richtung Mittenwald; je nach Ausgangsort meist gebührenpflichtige Parkplätze

Bergbahn

Zugspitzbahn (Seil- und Zahnradbahn), Tel. 0 88 21 - 79 70, Wetteransage - 79 79 79, www.zugspitze.de

Gipfelanstiege

● Von Hammersbach durch die tosende Höllentalklamm zur Höllentalangerhütte, weiter durch eine steile Wandstufe zum Höllentalferner (evtl. Steigeisen erforderlich) und über den gesicherten Gipfelsteig empor (nur für Geübte, 6–7 Std., 2100 HM).

● Vom Skistadion durch die Partnachklamm zur Reintalangerhütte und über die Knorrhütte zum Zugspitzplatt – der Restanstieg erfolgt über den steilen Schutt- und Felshang (10–11 Std., 2300 HM).

● Von der Ehrwald-Zugspitzbahn auf dem Georg-Jäger-Steig über die Wiener-Neustädter-Hütte und teils auf Klettersteig empor (5 Std., 1700 HM)

Berghütten

- **Höllentalangerhütte** (1387 m), Tel. 01 63 - 554 22 74, Ende Mai bis Mitte Okt., www.hoellentalangerhuette.de
- **Reintalangerhütte** (1369 m), Tel. 0 88 21 - 708 97 43, Juni bis 3. So im Okt., www.reintalangerhuette.de
- **Knorrhütte** (2051 m), Tel. 01 51 - 14 44 34 96, Juni bis Mitte Okt.
- **Münchner Haus** (2921 m), Tel. 0 88 21 - 29 01, Mai bis Mitte Okt.

Soiernspitze 2259 m
Alpspitze 2628 m
Watzmann 2713 m
Wörner 2474 m
Östliche Karwendelspitze 2536 m
Hochblassen 2706 m
Birkkarspitze 2749 m
Kaltwasserkarspitze 2733 m
Partenkirchener Dreitorspitze 2633 m
Leutascher Dreitorspitze 2682 m
Großglockner 3798 m
Großvenediger 3662 m
Hinterreintalschrofen 2674 m
Hochwanner 2744 m

Karwendelgebirge

Hohe Tauern

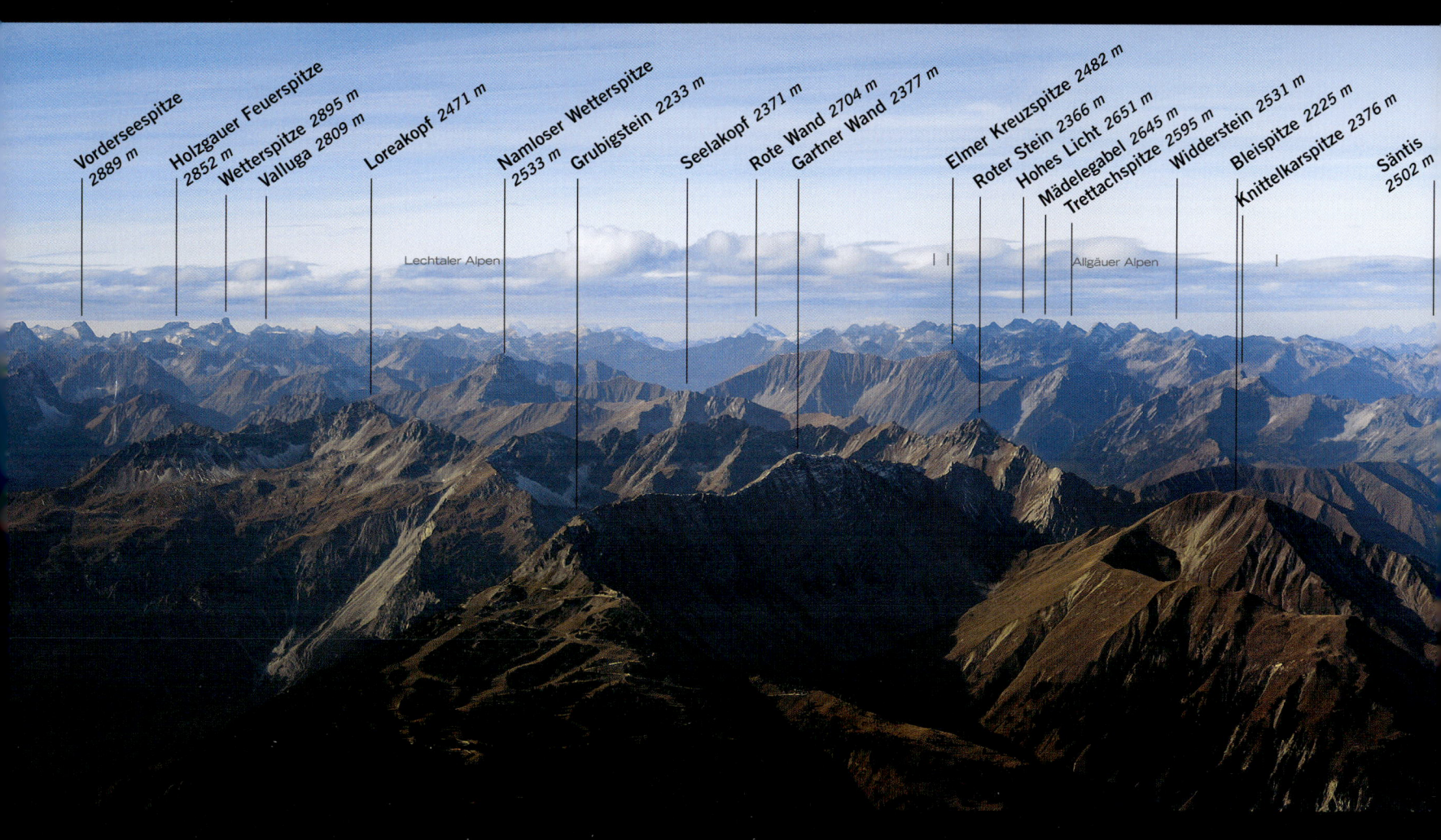

Vorderseespitze 2889 m

Holzgauer Feuerspitze 2852 m

Wetterspitze 2895 m

Valluga 2809 m

Loreakopf 2471 m

Namloser Wetterspitze 2533 m

Grubigstein 2233 m

Seelakopf 2371 m

Rote Wand 2704 m

Gartner Wand 2377 m

Elmer Kreuzspitze 2482 m

Roter Stein 2366 m

Hohes Licht 2651 m

Mädelegabel 2645 m

Trettachspitze 2595 m

Widderstein 2531 m

Bleispitze 2225 m

Knittelkarspitze 2376 m

Säntis 2502 m

Lechtaler Alpen

Allgäuer Alpen

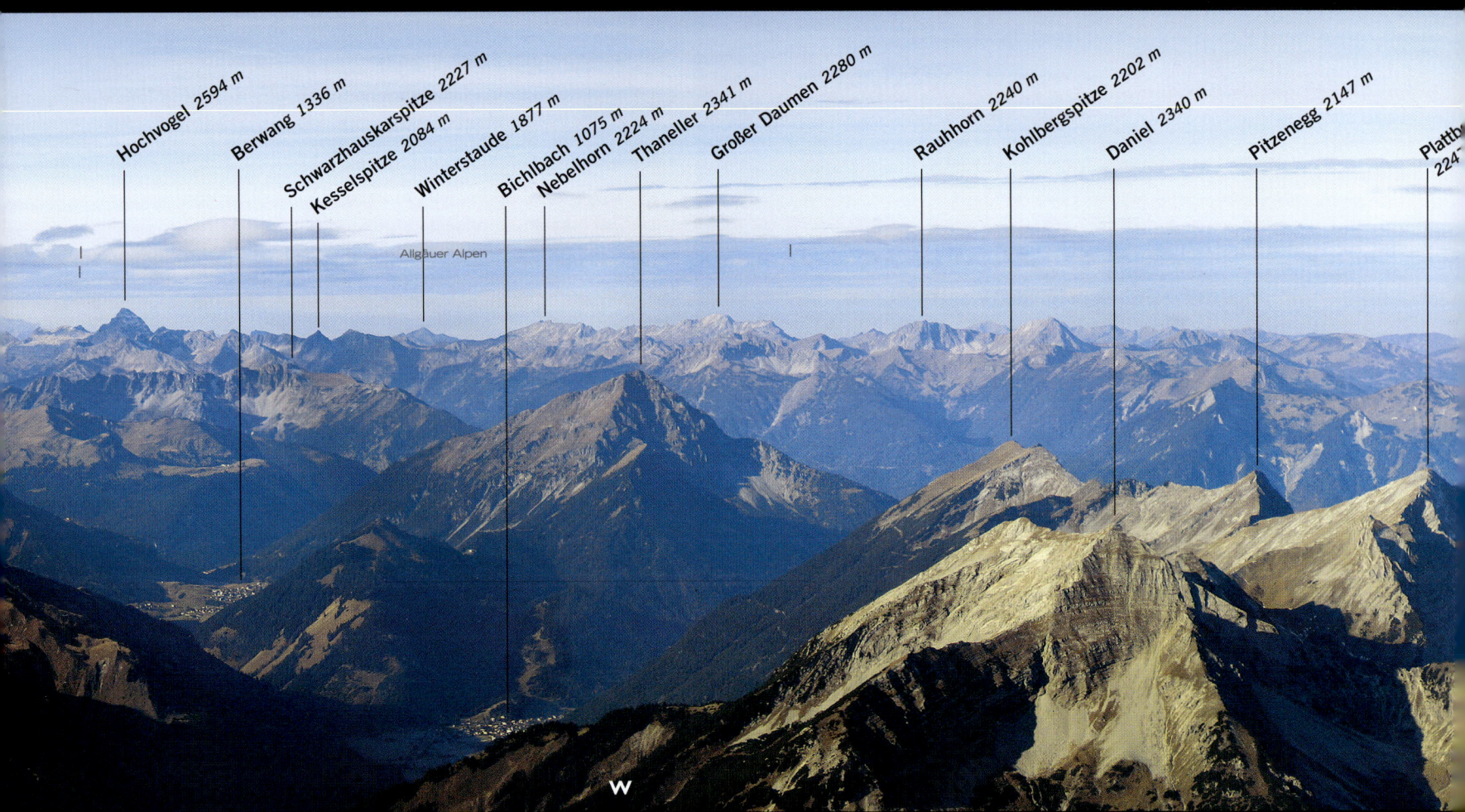

Hochvogel 2594 m

Berwang 1336 m

Schwarzhauskarspitze 2227 m

Kesselspitze 2084 m

Winterstaude 1877 m

Bichlbach 1075 m

Nebelhorn 2224 m

Thaneller 2341 m

Großer Daumen 2280 m

Rauhhorn 2240 m

Kohlbergspitze 2202 m

Daniel 2340 m

Pitzenegg 2147 m

Platth
224

Allgäuer Alpen

W

Rote Flüh 2108 m
Kellenspitze 2240 m
Gehrenspitze 2163 m
Aggenstein 1986 m
Brentenjoch 2001 m
Pfronten 853 m
Säuling 2047 m

Garmischer Hausberg

Von manchen Einheimischen abgesehen dürfte es ob der Vielzahl an Wegen nur wenige geben, die alle auf den Wank führenden Routen bereits gegangen sind. Die markante Ecklage am südlichen Rand des Estergebirges mit Blick auf das gewaltige Wettersteinmassiv macht den Berg zu einer beliebten Aussichtskanzel. Doch wenn die Wankbahn im Frühjahr und Spätherbst jeweils mehrere Wochen lang Revisionsarbeiten durchführt, ist man hier an manchen Tagen fast allein unterwegs.

Abstieg vom Wank in Richtung Osten, im Talgrund liegt die Esterberg-Alm.

Die einsamste Route ist – da nicht beschildert – noch ein echter Geheimtipp: Der Einstieg erfolgt nördlich der Mittelstation nach Querung in Richtung Esterbergalm. Man wandert steil über einen breiten sonnigen Rücken zum Eckernberg empor und erreicht den Wankgipfel quasi durch die Hintertür. Sehr zu empfehlen ist auch der Panoramaweg über die Ostseite, auf dem man die Wanderung als Rundtour über den Gschwandtnerbauer abschließen kann.

Im Bann des Wettersteins

Der Gipfel ist mit Wankhütte, Observatorium und anderen Bauten so ausgefüllt, dass man für den umfassenden Rundumblick die Position wechseln muss. Einen gleichwertigen Blick auf Zug- und Alpspitze sowie die gesamte Wettersteinkette genießt man allenfalls vom Kramer, der westlich vom Loisachtal gelegene Garmischer Hausberg. Während im Norden der Krottenkopf das Estergebirge dominiert, erkennt man im Osten neben der formschönen Soiernspitze die Mittenwalder Karwendelkette. Im Westen fällt die markante Berggestalt des Daniels auf, unter den angrenzenden Ammergauer Bergen sind „alte Bekannte" wie Brünstelskopf und Notkarspitze dabei.

Anfahrt

ÖVM Mit der DB im Stundenrhythmus von München nach Garmisch-Partenkirchen, ab Bahnhof ca. 20 Minuten zu Fuß bis zum Einstieg

Auto A 95 Garmisch bzw. B 2 Richtung Mittenwald; Parkplätze an der Talstation der Wankbahn und bei Schlattan

Gipfelanstiege

● Von der Talstation der Wankbahn über die Mittelstation auf direktem Weg zuletzt über mehrere Serpentinen empor (3 Std., 1100 HM)

● Auf dem Fahrweg zur Esterberg-Alm und wahlweise auf schönem Bergsteig über den Eckenberg bzw. von Nordwesten über die alte Skiabfahrt – Weg hier teils tief ausgewaschen (3 1/2–4 Std., 1150 HM)

● Der Weg über die Gamshütte (Abzweig vom Philosophenweg) führt zum südwestseitigen Serpentinenanstieg.

● Von Schlattan auf dem Fahrweg zum Gschwandtnerbauer, weiter auf schönem Waldsteig durch die Südflanke und über den breiten Ostrücken zum Gipfelaufbau (2 1/2 Std., 900 HM)

Berghütte

• **Wankhaus** (1779 m, DAV), Tel. 0 88 21 - 5 62 01, ganzjährig außer Revisionszeiten der Bahn (Nov./Dez. bzw. März/April)
• weitere Einkehren: **Esterberg-Alm** Tel. -32 77, **Gamshütte** Tel. -34 57, **Gschwandtnerbauer** Tel. -21 39

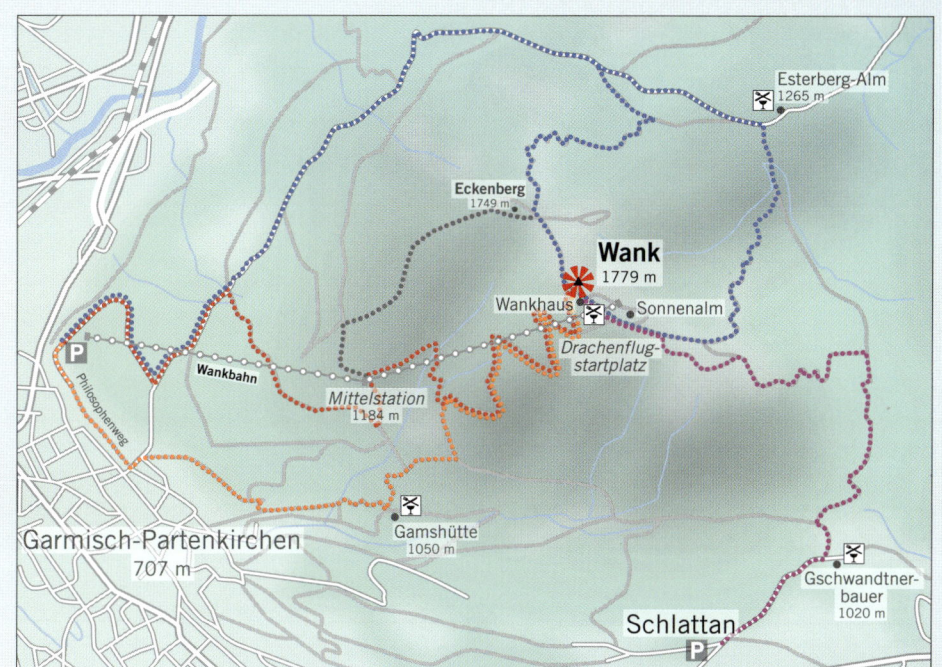

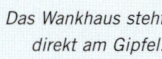

Das Wankhaus steht direkt am Gipfel.

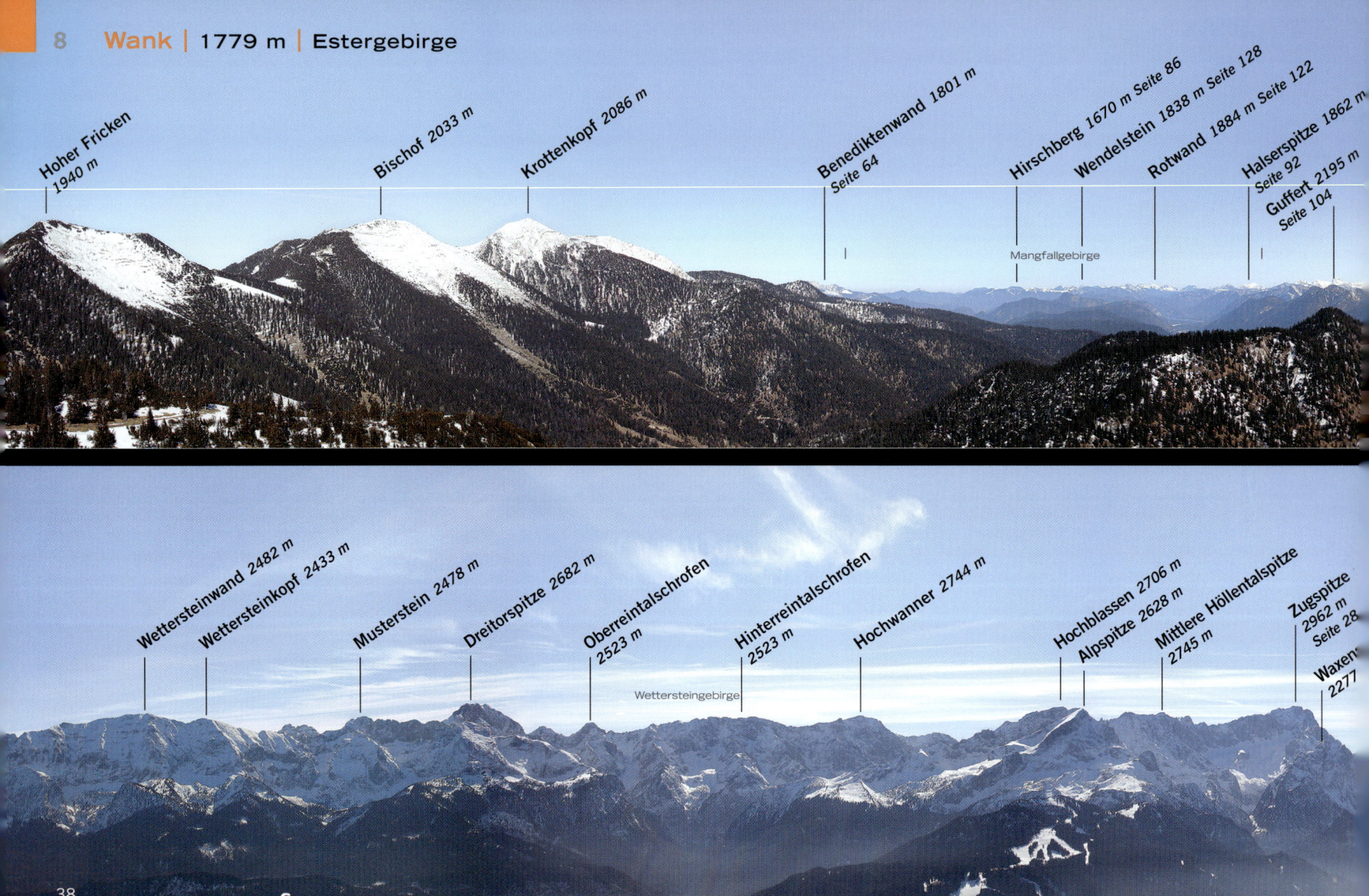

Hoher Fricken
1940 m

Bischof 2033 m

Krottenkopf 2086 m

Benediktenwand 1801 m
Seite 64

Hirschberg 1670 m Seite 86

Wendelstein 1838 m Seite 128

Rotwand 1884 m Seite 122

Halserspitze 1862 m
Seite 92

Guffert 2195 m
Seite 104

Mangfallgebirge

Wettersteinwand 2482 m

Wettersteinkopf 2433 m

Musterstein 2478 m

Dreitorspitze 2682 m

Oberreintalschrofen
2523 m

Hinterreintalschrofen
2523 m

Hochwanner 2744 m

Hochblassen 2706 m

Alpspitze 2628 m

Mittlere Höllentalspitze
2745 m

Zugspitze
2962 m
Seite 28

Waxen
2277

Wettersteingebirge

S

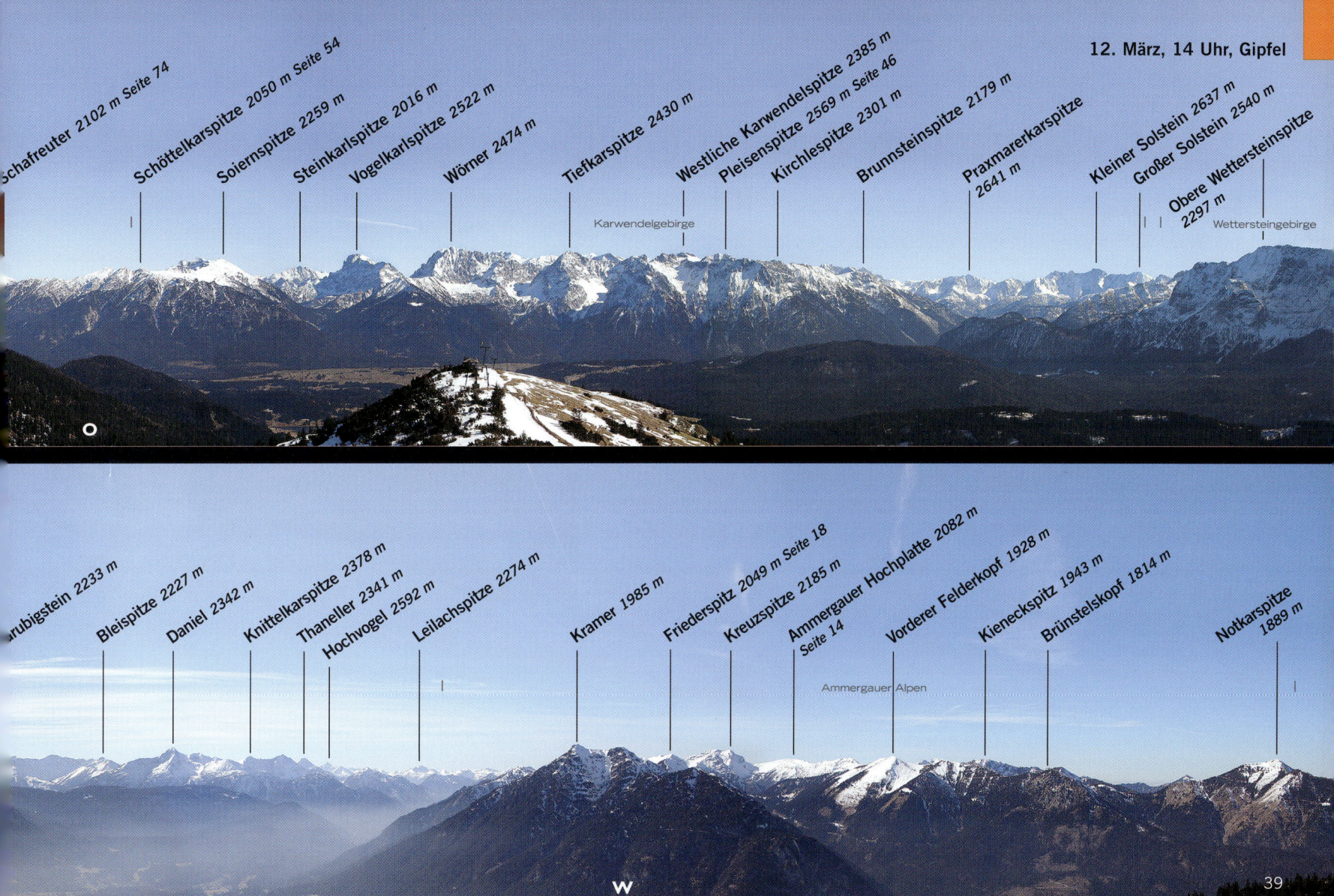

Schafreuter 2102 m Seite 74

Schöttelkarspitze 2050 m Seite 54

Soiernspitze 2259 m

Steinkarlspitze 2016 m

Vogelkarlspitze 2522 m

Wörner 2474 m

Tiefkarspitze 2430 m

Westliche Karwendelspitze 2385 m

Pleisenspitze 2569 m Seite 46

Kirchlespitze 2301 m

Brunnsteinspitze 2179 m

Praxmarerkarspitze 2641 m

Kleiner Solstein 2637 m

Großer Solstein 2540 m

Obere Wettersteinspitze 2297 m

Karwendelgebirge

Wettersteingebirge

Garubigstein 2233 m

Bleispitze 2227 m

Daniel 2342 m

Knittelkarspitze 2378 m

Thaneller 2341 m

Hochvogel 2592 m

Leilachspitze 2274 m

Kramer 1985 m

Friederspitz 2049 m Seite 18

Kreuzspitze 2185 m

Ammergauer Hochplatte 2082 m Seite 14

Vorderer Felderkopf 1928 m

Kieneckspitz 1943 m

Brünstelskopf 1814 m

Notkarspitze 1889 m

Ammergauer Alpen

W

39

Zwischen zwei Alpenseen

Auf dem Jochberg ist man selten allein, selbst bei mäßigem Wetter herrscht meist reger Andrang. Ein klassischer Münchner Hausberg halt. Tatsächlich wird der Wanderer für den relativ kurzen Anstieg am Gipfel mit einer umfassenden Aussicht belohnt. Und am Fuß des Berges breiten sich mit Walchen- und Kochelsee gleich zwei bildschöne Bergseen aus.

A m Tag der Aufnahme herrscht bestes Winterwetter, Grund genug, sich bei Morgendämmerung auf die Socken zu machen. Während der Kochelsee noch unter einer zähen Wolkendecke liegt, zeigt sich der Walchensee bereits im schönsten Sonnenlicht. Rund zwanzig Minuten vor Erreichen des Gipfels kommt man aus dem Wald und genießt den freien Blick nach Süden.

Der Blick vom Jochberg auf den Walchensee ist unvergleichlich schön. Im Hintergrund das Panorama von der Westlichen Karwendelspitze bis zu den Dreitorspitzen.

Bester Karwendelblick

Besonders eindrucksvoll ist der Blick auf die Karwendelketten, die sich unverkennbar südöstlich vom Walchensee gegen den Himmel abzeichnen. Das Horn der Birkkarspitze ragt soeben noch hinter der Nördlichen Karwendelkette hervor, zu der namhafte Gipfel wie Östliche Karwendelspitze, Hochkarspitze, Wörner und Tiefkarspitze gehören. Etwas vorgelagert erkennt man Soiern- und Schöttelkarspitze. Westlich des Isartals mit Mittenwald grenzt das Wettersteingebirge an. Im Winter heben

sich die schneebedeckten Schöngänge der Alpspitze klar vom dunklen Felsmassiv ab, die Zugspitze erhebt sich über dem nahen Simetsberg.

Zum Greifen nah erscheinen die klassischen Gipfelziele der Jachenau, darunter zwischen Rabenkopf und Hirschhörnlkopf die dominante Benediktenwand. Im Hintergrund ragt das formschöne Felshorn des Gufferts in den Himmel. Nach Norden genießt man den weiten Blick in die Ebene zum Loisach-Kochelseemoor, sofern sie nicht wie im Winter häufig der Fall vom Hochnebel verschluckt wird.

Anfahrt

ÖVM Mit der S 6 oder DB nach Tutzing, Bahnanschluss nach Kochel am See, weiter mit dem RVO-Bus zur Kesselberghöhe

Auto A 95 Garmisch Ausfahrt Kochel am See und auf der Kesselbergstraße Richtung Walchensee. Parkplätze jenseits der Kesselberghöhe

Gipfelanstiege

● Von der Kesselberghöhe auf gepflegtem Steig durch Wald zum baumfreien Gipfel (2 Std., gut 700 HM).

● Für den Südanstieg von Sachenbach quert man auf der Fahrstraße am Nordufer des Walchensees und erreicht den Gipfel über die Jocher Alm (2 1/2 Std., 750 HM).

● Von Kochel über die Geißalm, am Graseck vorbei zur Kotalm und über die Jocher Alm zum Gipfel (3 Std., 1000 HM)

Einkehr

● **Jocher Alm** (1381 m, nur zur Weidezeit)

Fernwanderwege

Maximiliansweg E 4 und Via Alpina zwischen Kesselberg und Kotalm

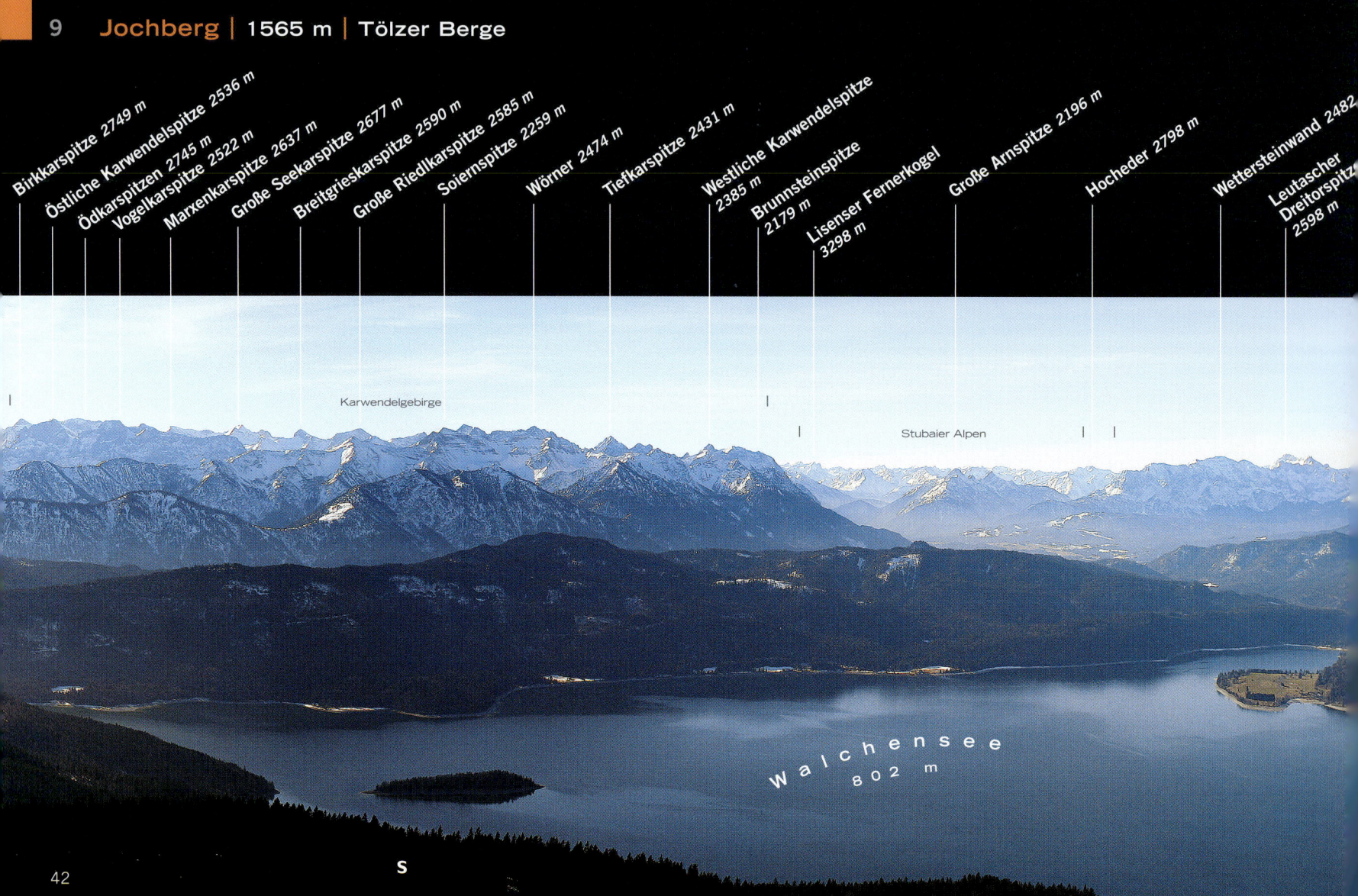

Birkkarspitze 2749 m
Östliche Karwendelspitze 2536 m
Ödkarspitzen 2745 m
Vogelkarspitze 2522 m
Marxenkarspitze 2637 m
Große Seekarspitze 2677 m
Breitgrieskarspitze 2590 m
Große Riedlkarspitze 2585 m
Soiernspitze 2259 m
Wörner 2474 m
Tiefkarspitze 2431 m
Westliche Karwendelspitze 2385 m
Brunnsteinspitze 2179 m
Lisenser Fernerkogel 3298 m
Große Arnspitze 2196 m
Hocheder 2798 m
Wettersteinwand 2482
Leutascher Dreitorspitz 2598 m

Karwendelgebirge

Stubaier Alpen

W a l c h e n s e e
8 0 2   m

S

Hochwanner 2744 m

Alpspitze 2628 m

Zugspitze 2962 m
Seite 28

Simetsberg 1846 m

Krottenkopf 2086 m

Hohe Kisten 1922 m

Fahrenbergkopf 1627 m

Martinskopf 1645 m

Herzogstand 1731 m

Heimgarten 1788 m

Aufacker 1548 m

Hinteres Hörnle 1548 m

...ttersteingebirge

Estergebirge

Ammergauer Alpen

W

Benediktenwand
1801 m Seite 64

Breitenstein 1622 m

Kampen 1607 m

Hirschhörnlkopf 1514 m

Risserkogel 1826 m

Hinteres Sonnwendjoch
1986 m

Halserspitze 1862 m
Seite 92

Schneidjoch 1810 m

Guffert 2195 m Seite 104

Unnutz 2078 m

Juifen 1987 m

Staffel 1532 m

Mangfallgebirge

Wilder
Kaiser

Rofa
gebir

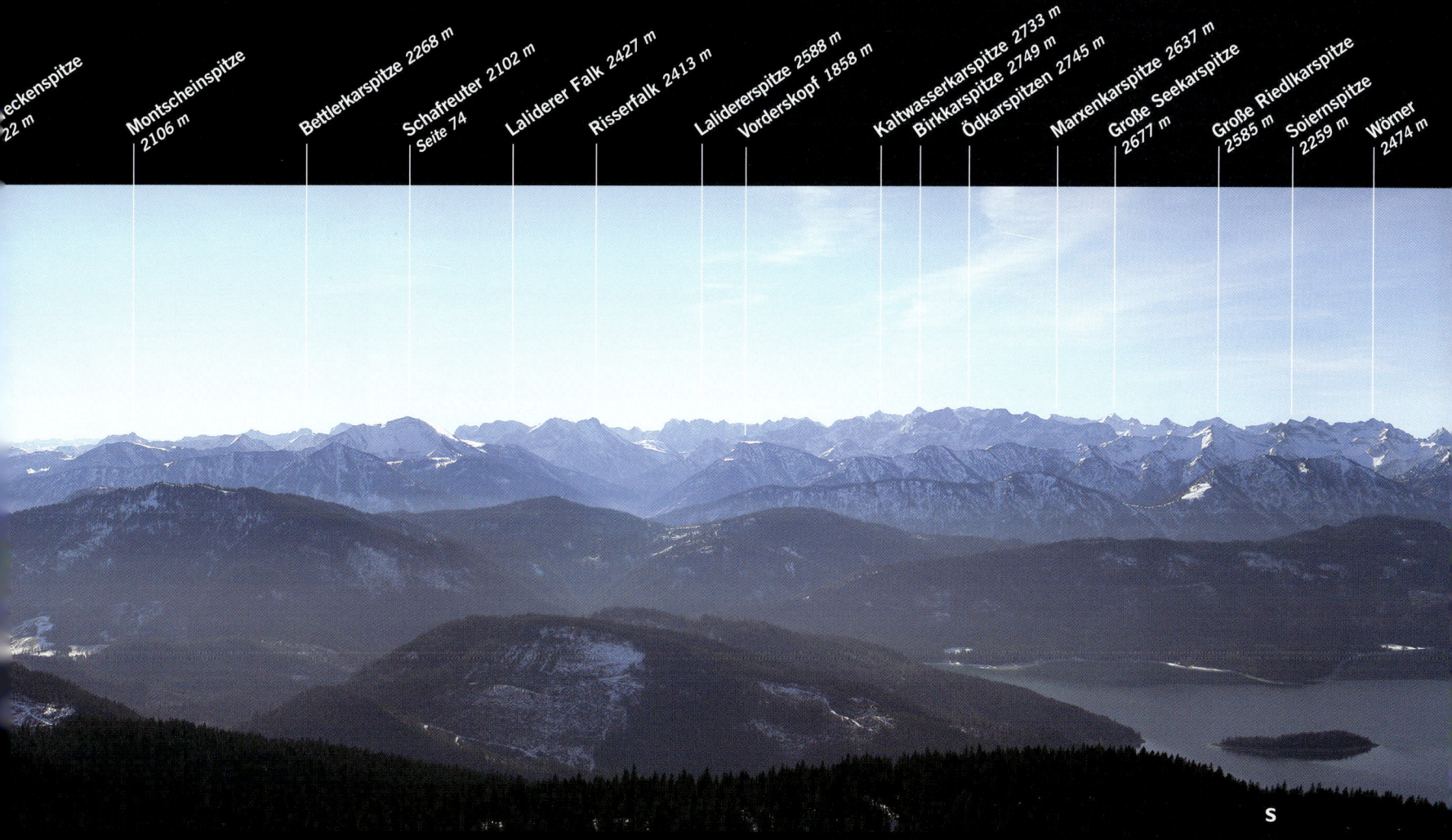

...eckenspitze
...22 m

Montscheinspitze
2106 m

Bettlerkarspitze 2268 m

Schafreuter 2102 m
Seite 74

Laliderer Falk 2427 m

Risserfalk 2413 m

Laliдererspitze 2588 m
Vorderskopf 1858 m

Kaltwasserkarspitze 2733 m
Birkkarspitze 2749 m
Ödkarspitzen 2745 m

Marxenkarspitze 2637 m

Große Seekarspitze
2677 m

Große Riedlkarspitze
2585 m

Soiernspitze
2259 m

Wörner
2474 m

S

45

Auf den Spuren vom Pleisen-Toni

Stolze 1600 Höhenmeter ragt die Pleisenspitze vom Karwendeltal aus in die Höhe. Der Gipfel bietet am westlichen Ende des Karwendel-Hauptkamms in alle Himmelsrichtungen eine fulminante Fernsicht. Um die lange Wanderung in vollen Zügen genießen zu können, empfiehlt sich eine Übernachtung auf der Pleisenhütte. Zumal hier die schmackhafte Küche und die stets gut aufgelegten Hüttenleute eine angenehme Atmosphäre verbreiten. Und von der sonnigen Terrasse sind bereits acht verschiedene Gebirgsgruppen auszumachen: Karwendel, Stubaier, Ötztaler, Silvretta, Verwall, Lechtaler, Mieminger und Wetterstein.

D ie gemütliche Pleisenhütte ist auch für die Einheimischen ein beliebtes Ausflugsziel, man wandert von Scharnitz in etwa zwei Stunden bequem nach oben und freut sich auf die Gastfreundschaft von Hüttenwirt Sigfried Gaugg und seinem Team. Sigfrieds Vater Anton hatte die Hütte 1953 in Eigenregie erbaut und in einer der umliegenden Höhlen ein 8000 Jahre altes Elchkuh-Skelett entdeckt. Leider ist der Pleisen-Toni, ein Scharnitzer Urgestein, im Februar 2007 mit 87 Jahren verstorben; direkt an der Hütte hat er nun auf eigenen Wunsch seinen letzten Frieden gefunden.

Abstieg von der Pleisenspitze im letzten Abendlicht

Panoramablick im dritten Anlauf

Wieviel Geduld man für den perfekten Panoramablick manchmal aufbringen muss, erfahren wir Ende September 2008: Trotz günstiger Wettervorhersage gelingen uns die Aufnahmen erst im dritten Anlauf. Der erste morgendliche Versuch scheitert an ausgedehnten Wolkenbänken, die wie von unsichtbarer Hand ohne Unterlass gegen Inntalkette und Wettersteingebirge drücken. Am Nachmittag soll es in ganz Tirol wolkenlosen Himmel haben, doch als es endlich so weit ist, leuchten bereits die Sterne vom frühen Nachthimmel. Zuvor haben wir vom einsamen Gipfel bei eisigem Wind die Abendstimmung Richtung Birkkar- und Ödkarspitzen sowie zu den Hohen Tauern genossen, freilich ohne unseren Auftrag erfüllt zu haben. Schließlich erreichen wir am zweiten Morgen den Gipfel bei nun besten Panoramabedingungen – endlich mit freiem Blick in die südliche Gletscherwelt rund um Großglockner, Großvenediger, Zuckerhütl und Hoher Riffler. Und selbst die Leutascher Dreitorspitze gibt sich die Ehre.

Die Große Seekarspitze nach einem Winterintermezzo Ende September

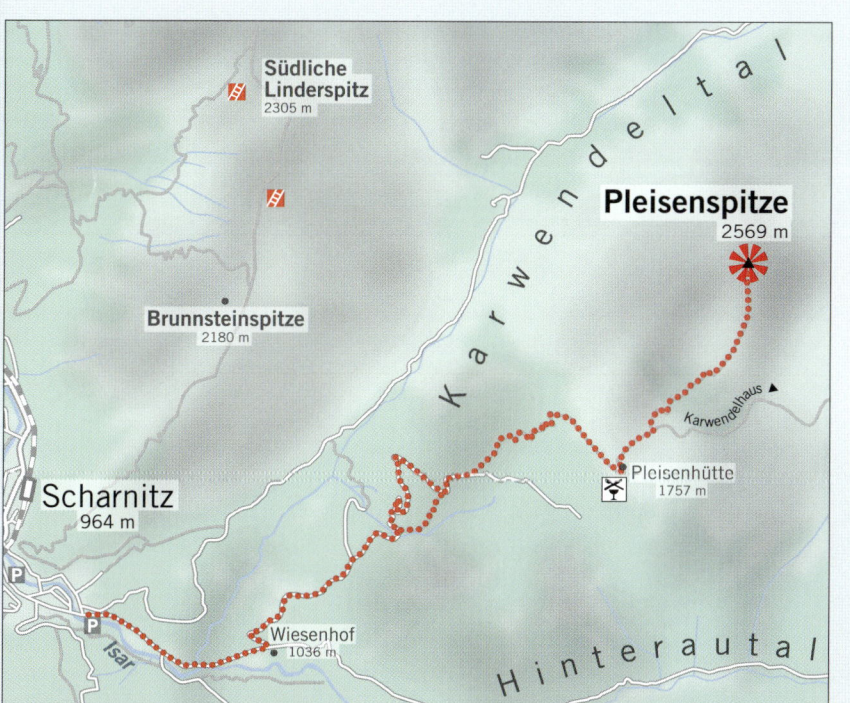

Südliche
Linderspitz
2305 m

Pleisenspitze
2569 m

Brunnsteinspitze
2180 m

Karwendeltal

Karwendelhaus

Scharnitz
964 m

Pleisenhütte
1757 m

Wiesenhof
1036 m

Isar

H i n t e r a u t a l

Anfahrt

ÖVM Mit der DB alle zwei Stunden von München über Garmisch-Partenkirchen und Mittenwald nach Scharnitz

Auto Auf der A 95 nach Garmisch und auf der B 2 über Mittenwald nach Scharnitz. Großer Parkplatz im Karwendeltal

Gipfelanstieg

● Von Scharnitz auf dem Fahrweg bzw. teils abkürzend auf dem Steig zur Pleisenhütte; hinter der Aussichtsterrasse beginnt der direkte Aufstieg durch den Latschenkessel und über den breiten Bergrücken zur Pleisenspitze (4 1/2 Std., 1600 HM).

Berghütte

• **Pleisenhütte** (1757 m), Tel. 00 43 - 664 - 9 15 87 92, Anfang Juni bis Ende Okt. (ganzjährig an Wochenenden)

Heimgarten 1788 m

Tiefkarspitze 2430 m

Wörner 2474 m

Soiernspitze 2259 m

Benediktenwand 1801 m
Seite 64

Hochkarspitze 2482 m

Grask
175

Mangfallgebirg

N

Hintere Bachofenspitze
2668 m

Hoher Riffler 3234 m

Praxmarerkarspitze
2641 m

Zillertaler Alpen

Olperer 3476 m

Schrammacher 3410 m

Jägerkarspitze
2604 m

Katzenkopf 2530 m

Hochgleirsch 2491 m

Serles 2718 m

Frau Hitt 2270 m

Pflerscher
Tribulaun
3096 m

S

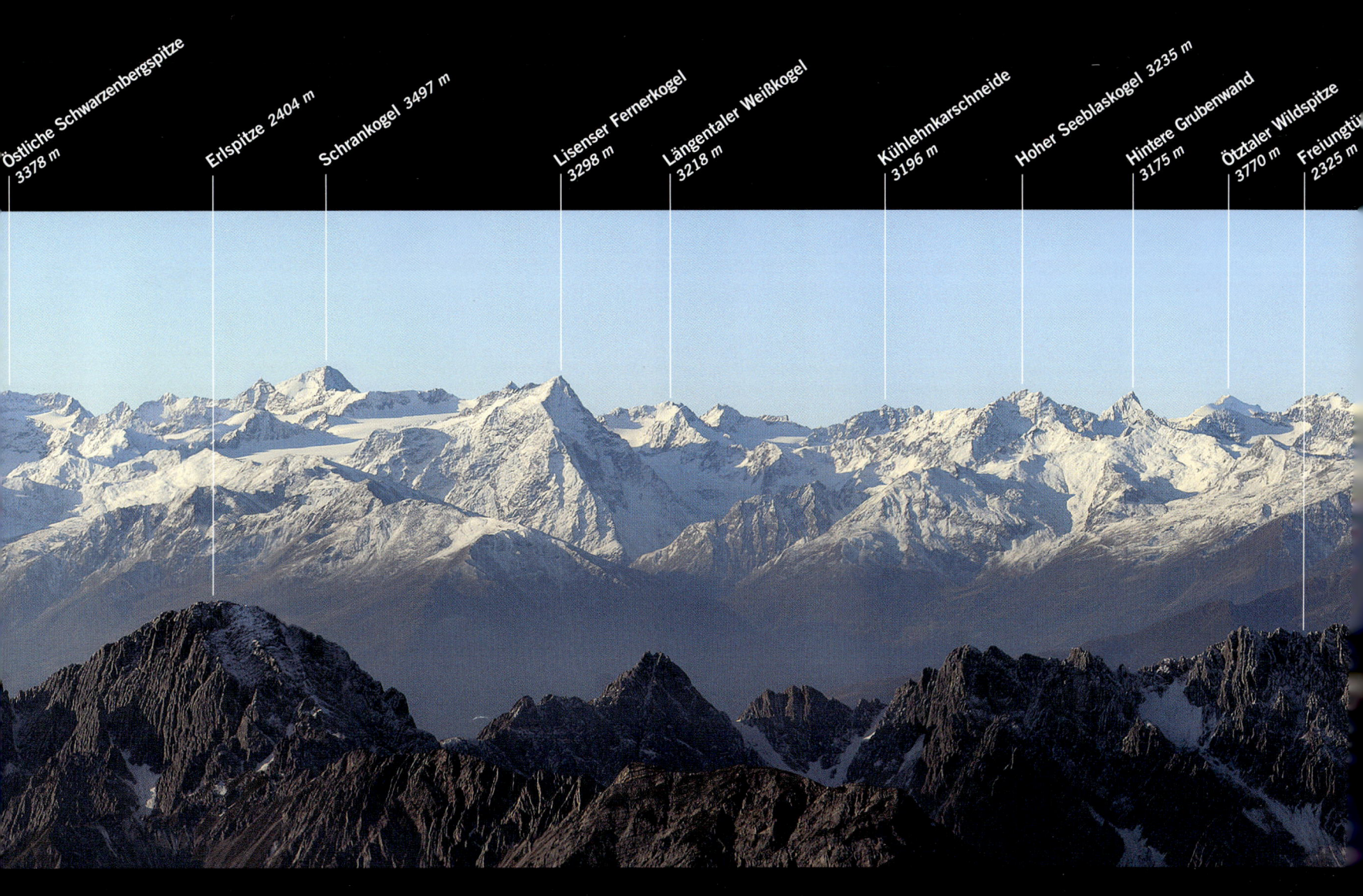

Östliche Schwarzenbergspitze 3378 m

Erlspitze 2404 m

Schrankogel 3497 m

Lisenser Fernerkogel 3298 m

Längentaler Weißkogel 3218 m

Kühlehnkarschneide 3196 m

Hoher Seeblaskogel 3235 m

Hintere Grubenwand 3175 m

Ötztaler Wildspitze 3770 m

Freiungtü 2325 m

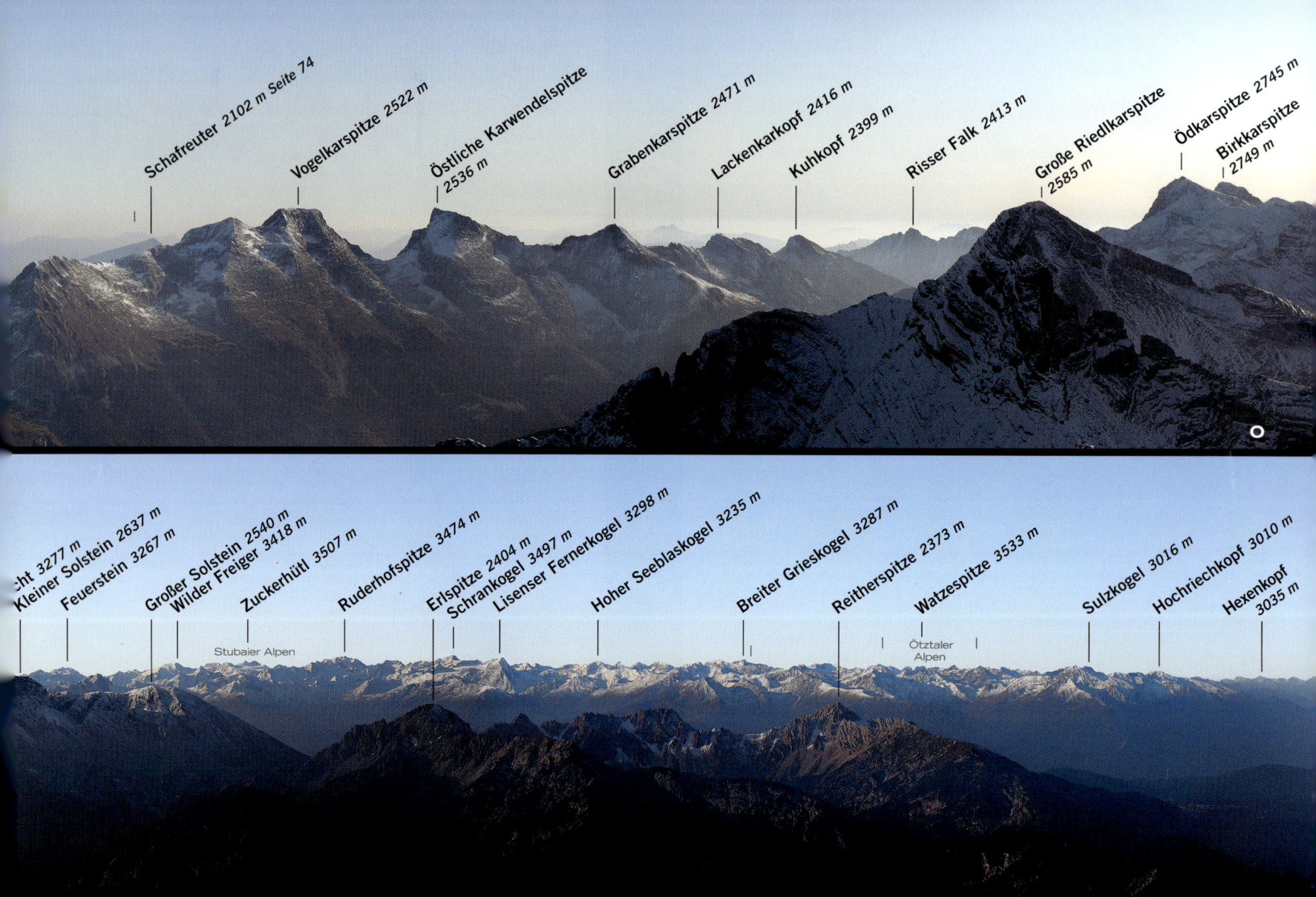

Schafreuter 2102 m Seite 74

Vogelkarspitze 2522 m

Östliche Karwendelspitze / 2536 m

Grabenkarspitze 2471 m

Lackenkarkopf 2416 m

Kuhkopf 2399 m

Risser Falk 2413 m

Große Riedlkarspitze / 2585 m

Ödkarspitze 2745 m

Birkkarspitze / 2749 m

...cht 3277 m

Kleiner Solstein 2637 m

Feuerstein 3267 m

Großer Solstein 2540 m

Wilder Freiger 3418 m

Zuckerhütl 3507 m

Ruderhofspitze 3474 m

Erlspitze 2404 m

Schrankogel 3497 m

Lisenser Fernerkogel 3298 m

Hoher Seeblaskogel 3235 m

Breiter Grieskogel 3287 m

Reitherspitze 2373 m

Watzespitze 3533 m

Sulzkogel 3016 m

Hochriechkopf 3010 m

Hexenkopf 3035 m

Stubaier Alpen

Ötztaler Alpen

Kaltwasserkarspitze 2733 m
Große Seekarspitze 2677 m
Oberer Spitzhüttenkopf 2502 m
Brantlspitze 2626 m
Großvenediger 3662 m
Großer Bettelwurf 2725 m
Speckkarspitze 2621 m
Großer Lafatscher 2695 m
Hintere Bachofenspitze 2668 m

Patteriol 3056 m
Hoher Riffler 3168 m
Parseierspitze 3036 m
Hohe Munde 2662 m
Hochwand 2719 m
Gehrenspitze 2367 m
Große Arnspitze 2196 m
Dreitorspitze 2682 m
Zugspitze 2962 m
Seite 28
Wettersteingebirge
Sulzleklammspitze 2321 m

W

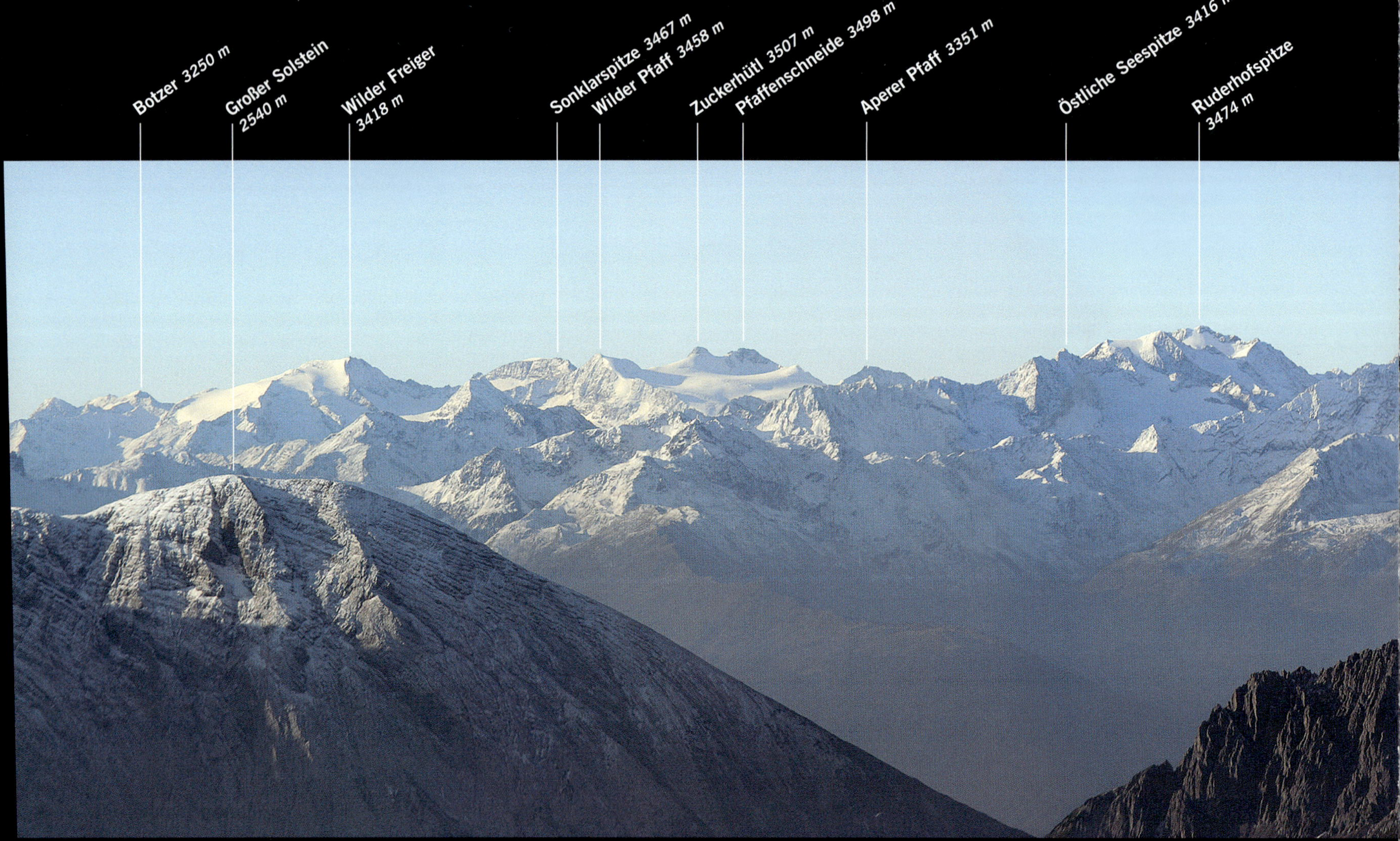

Botzer 3250 m

Großer Solstein 2540 m

Wilder Freiger 3418 m

Sonklarspitze 3467 m

Wilder Pfaff 3458 m

Zuckerhütl 3507 m

Pfaffenschneide 3498 m

Aperer Pfaff 3351 m

Östliche Seespitze 3416 m

Ruderhofspitze 3474 m

Breiter Grieskogel 3287 m

Strahlkogel 3295 m

Zwieselbacher Roßkogel 3081 m

Reitherspitze 2373 m

Watzespitze 3533 m

Im Bann der Soiernspitze

Die Soiernspitze müsste von ihrer Form eigentlich Pyramidenspitze heißen, jedenfalls ist sie einer Pyramide viel ähnlicher als der so benannte Berg im Zahmen Kaiser. Unabhängig von der Namensgebung ist sie einer der schönsten und einprägsamsten Berggestalten der Nördlichen Kalkalpen. Grund genug, unser Stativ auf der benachbarten Schöttelkarspitze aufzubauen und den Berg somit ins Visier zu nehmen, auch wenn sich dadurch unser Blick auf das Karwendelgebirge sowie weiter Richtung Osten etwas einschränkt.

D ie pyramidenartige Erscheinung ist eine Folge der Erosion, die durch die unterschiedliche Härte der einzelnen Sedimentschichten begünstigt wird. Auf diese Weise ist die Soiernspitze unverwechselbar und auch von Laien bereits von Weitem leicht zu erkennen.

Fototermin auf der Schöttelkarspitze. Schön zu sehen sind Heimgarten, Herzogstand und Jochberg über dem Walchensee, im Hintergrund der Starnberger See.

Die Soiernrunde – ein Klassiker

Der Übergang von der Schöttelkar- zur Soiernspitze ist der Höhepunkt der klassischen Soiernrunde, die von Krün über das Soiernhaus und insgesamt fünf Gipfel führt und gut neun Stunden beansprucht. In Teilstücken ist Trittsicherheit und Schwindelfreiheit angebracht, weshalb eine sichtlich beeindruckte junge Dame auf dem Seinskopf per Handy aufgeregt in die weite Welt posaunte: „Der Weg ist gerade einen halben Meter breit und es ist kein Geländer da!"

Die Naturgenießer übernachten auf dem Soiernhaus und springen bei heißem Wetter in den Soiernsee, der malerisch in einem Bergkessel liegt. Bereits König Ludwig II. wusste die einmalige Lage zu schätzen. Er reiste einst zu Pferde an, während seine Bediensteten den luftigen Lakaiensteig für den Aufstieg wählen mussten.

Vom Gipfel ähnelt der Soiernsee einem tiefblauem Kreis oder – wie ein etwa zehnjähriger Bub bemerkte – einem Trampolin. Als weitere Seen sind der Barmsee bei Mittenwald, der Walchensee sowie der Starnberger See auszumachen, hinter welchem bei klarer Sicht sogar München erkennbar ist. Von der Soiernspitze und vom Karwendel schweift der Blick über Wettersteingebirge, Ammergauer Berge und Estergebirge in das nordöstlich gelegene Mangfallgebirge. Das stattliche Gipfelkreuz steht übrigens auf einem Sockel. Der Gipfel ist so flach, dass man hier mit entsprechender Ausrüstung bequem die Nacht verbringen könnte. Im intensiven Abendrot wirkt die Soiernspitze noch majestätischer.

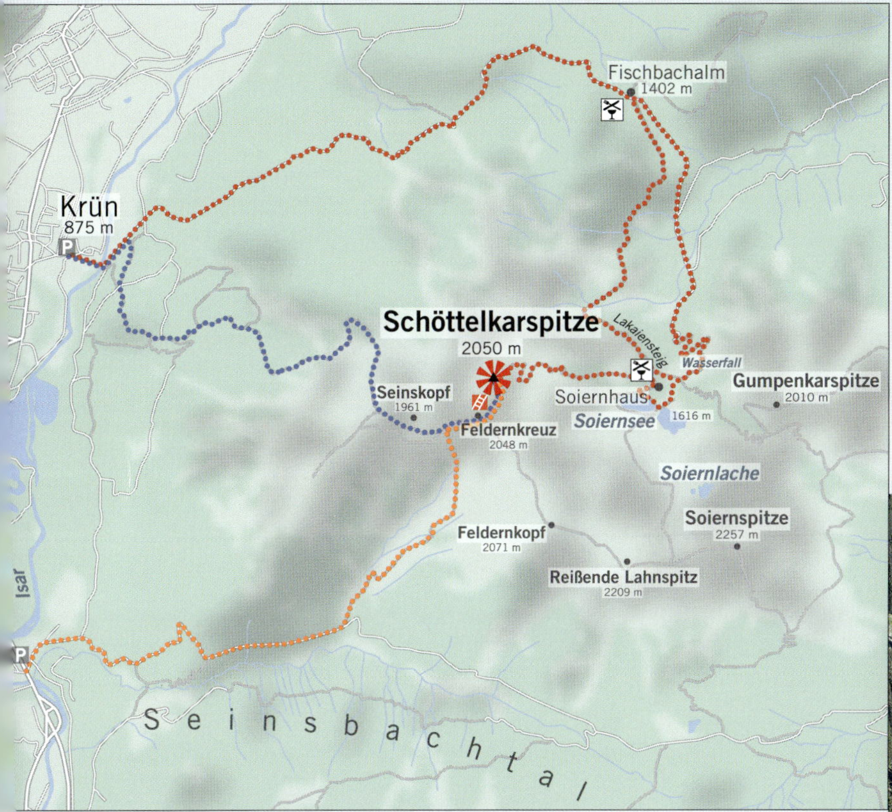

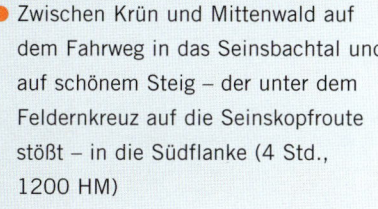

Tiefblick auf die
in einem Bergkessel
gelegenen Soiernseen

Anfahrt

ÖVM Mit der DB im Stundenrhythmus von München über Garmisch-Partenkirchen nach Klais, mit dem RVO-Bus 9608 zum Café Kranzbach in Krün

Auto A 95 Garmisch und auf der B 2 vor Mittenwald links nach Krün abzweigen. Großer Parkplatz am östlichen Ortsrand in Isarnähe

Gipfelanstiege

● Von Krün auf dem Fahrweg zur Fischbachalm, weiter auf dem Lakaiensteig (nur für Geübte) oder Normalweg zum Soiernhaus, ab hier auf bequemen Bergsteig zum Gipfel (4 Std., 1200 HM)

● Direkter ist der teils gnadenlos steile Anstieg zum Seinskopf, von dem ein alpiner Steig (Drahtseile) über das Feldernkreuz zum Gipfel quert (4 1/2 Std., 1300 HM).

● Zwischen Krün und Mittenwald auf dem Fahrweg in das Seinsbachtal und auf schönem Steig – der unter dem Feldernkreuz auf die Seinskopfroute stößt – in die Südflanke (4 Std., 1200 HM)

Berghütte

• **Soiernhaus** (1622 m, DAV), Tel. 01 71 - 5 46 58 58, Mitte Mai bis Mitte Okt. (für Übernachtung Reservierung erforderlich), www.soiernhaus.de

• Einkehr auch in der **Fischbachalm** (während der Weidesaison)

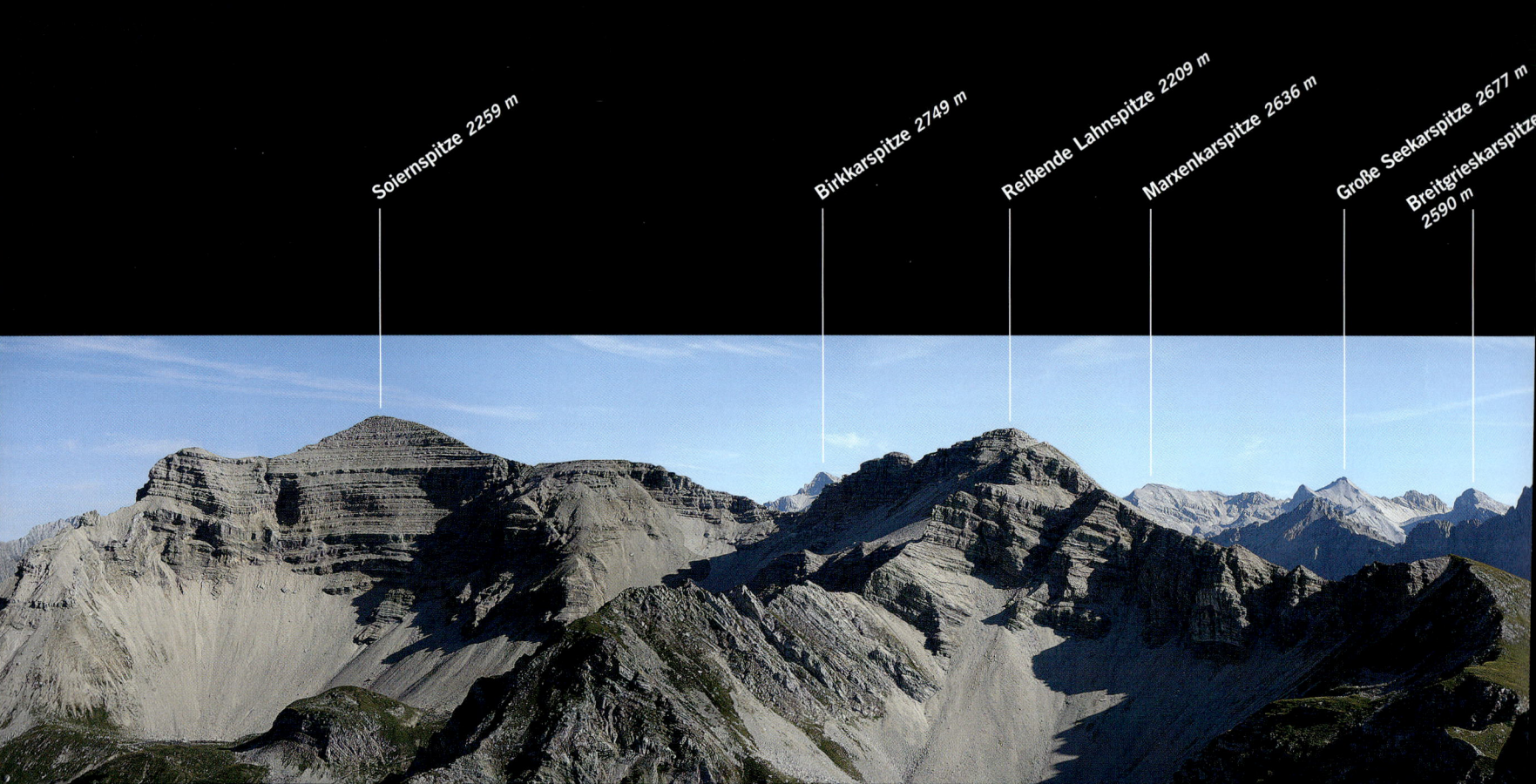

Soiernspitze 2259 m

Birkkarspitze 2749 m

Reißende Lahnspitze 2209 m

Marxenkarspitze 2636 m

Große Seekarspitze 2677 m

Breitgrieskarspitze 2590 m

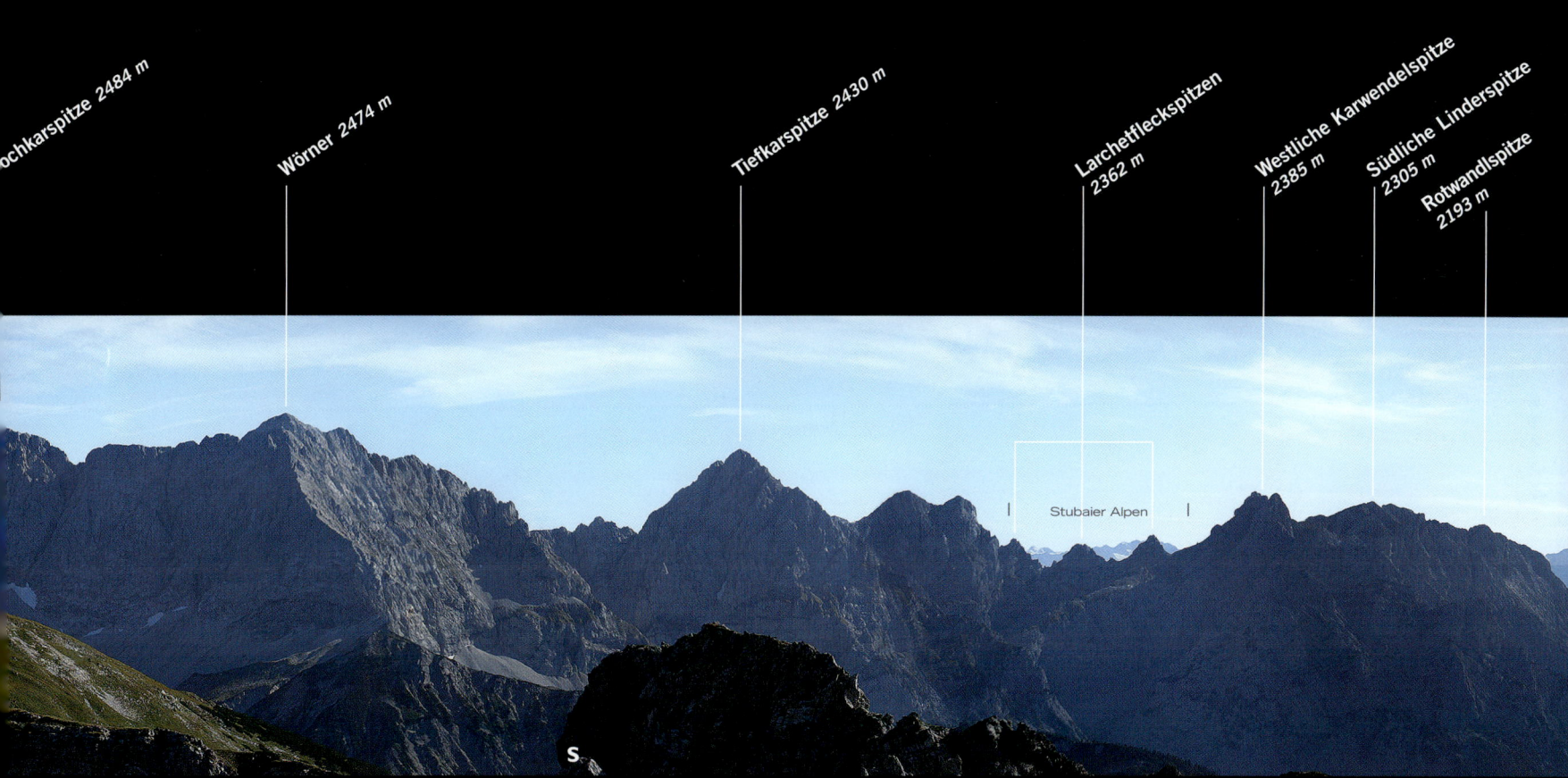

ochkarspitze 2484 m

Wörner 2474 m

Tiefkarspitze 2430 m

Larchetfleckspitzen
2362 m

Westliche Karwendelspitze
2385 m

Südliche Linderspitze
2305 m

Rotwandlspitze
2193 m

Stubaier Alpen

S

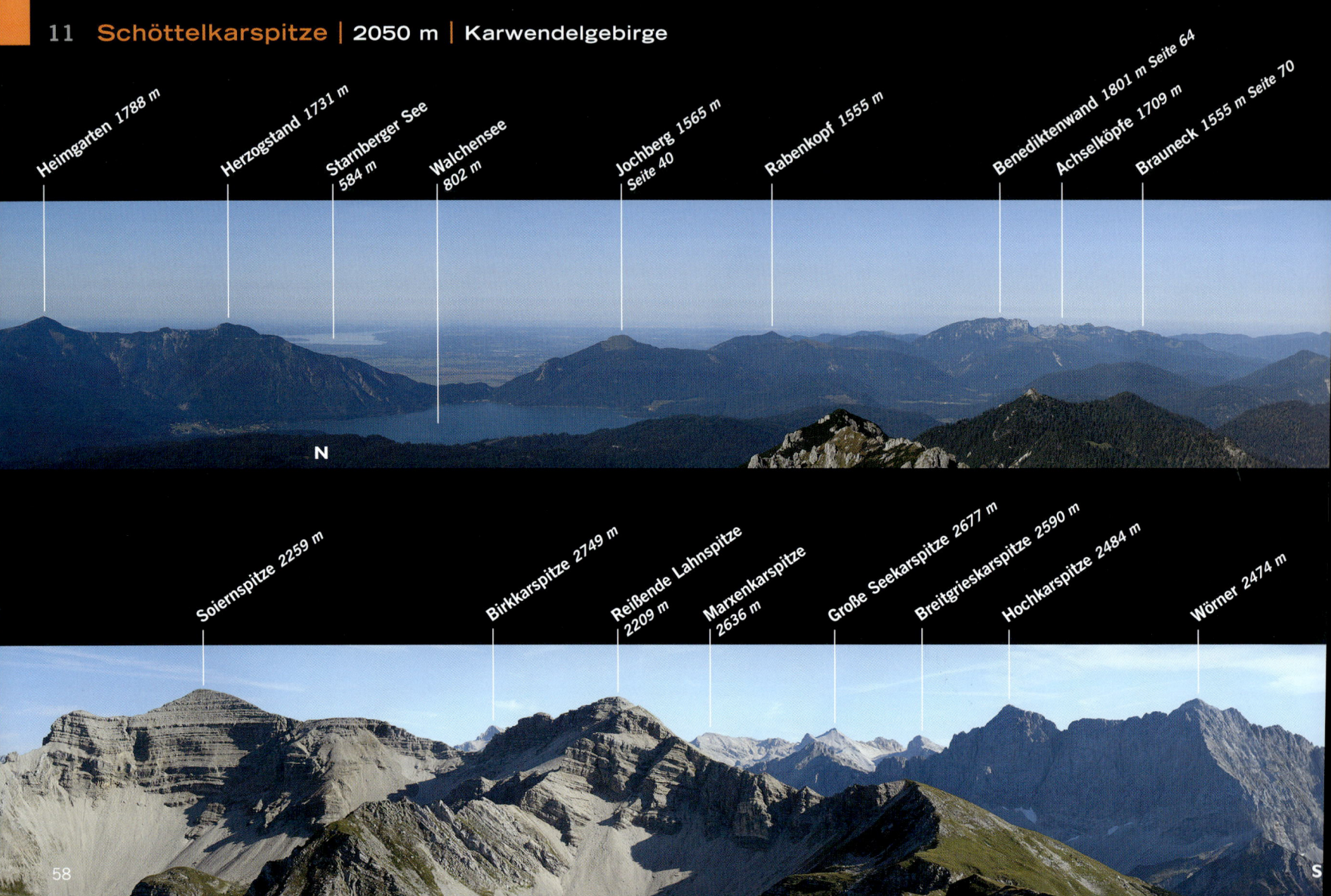

Heimgarten 1788 m

Herzogstand 1731 m

Starnberger See 584 m

Walchensee 802 m

Jochberg 1565 m Seite 40

Rabenkopf 1555 m

Benediktenwand 1801 m Seite 64

Achselköpfe 1709 m

Brauneck 1555 m Seite 70

N

Soiernspitze 2259 m

Birkkarspitze 2749 m

Reißende Lahnspitze 2209 m

Marxenkarspitze 2636 m

Große Seekarspitze 2677 m

Breitgrieskarspitze 2590 m

Hochkarspitze 2484 m

Wörner 2474 m

S

...kenstein 1564 m

Hirschberg 1670 m Seite 86

Sylvensteinspeicher 750 m

Wallberg 1620 m

Risserkogel 1826 m

Rotwand 1884 m Seite 122

Demeljoch 1924 m

Juifen 1988 m

Guffert 2195 m Seite 104

Schafreuter 2102 m Seite 74

Unnutz 2078 m

Krapfenkarspitze 2109 m

Hochiss 2299 m Seite 110

Großer Rettenstein 2362 m

Bettlerkarspitze 2258 m

Risserfalk 2413 m

Rofangebirge

Tiefkarspitze 2430 m

Larchetfleckspitzen 2362 m

Westliche Karwendelspitze 2385 m

Südliche Linderspitze 2305 m

Rotwandlspitze 2193 m

Zwieselbacher Roßkogel 3050 m

Große Arnspitze 2196 m

Pirchkogel 2828 m

Wildgrat 2974 m

Hohe Munde 2662 m

Stubaier Alpen

Ötztaler Alpen

12 Zwiesel | 1348 m | Tölzer Berge

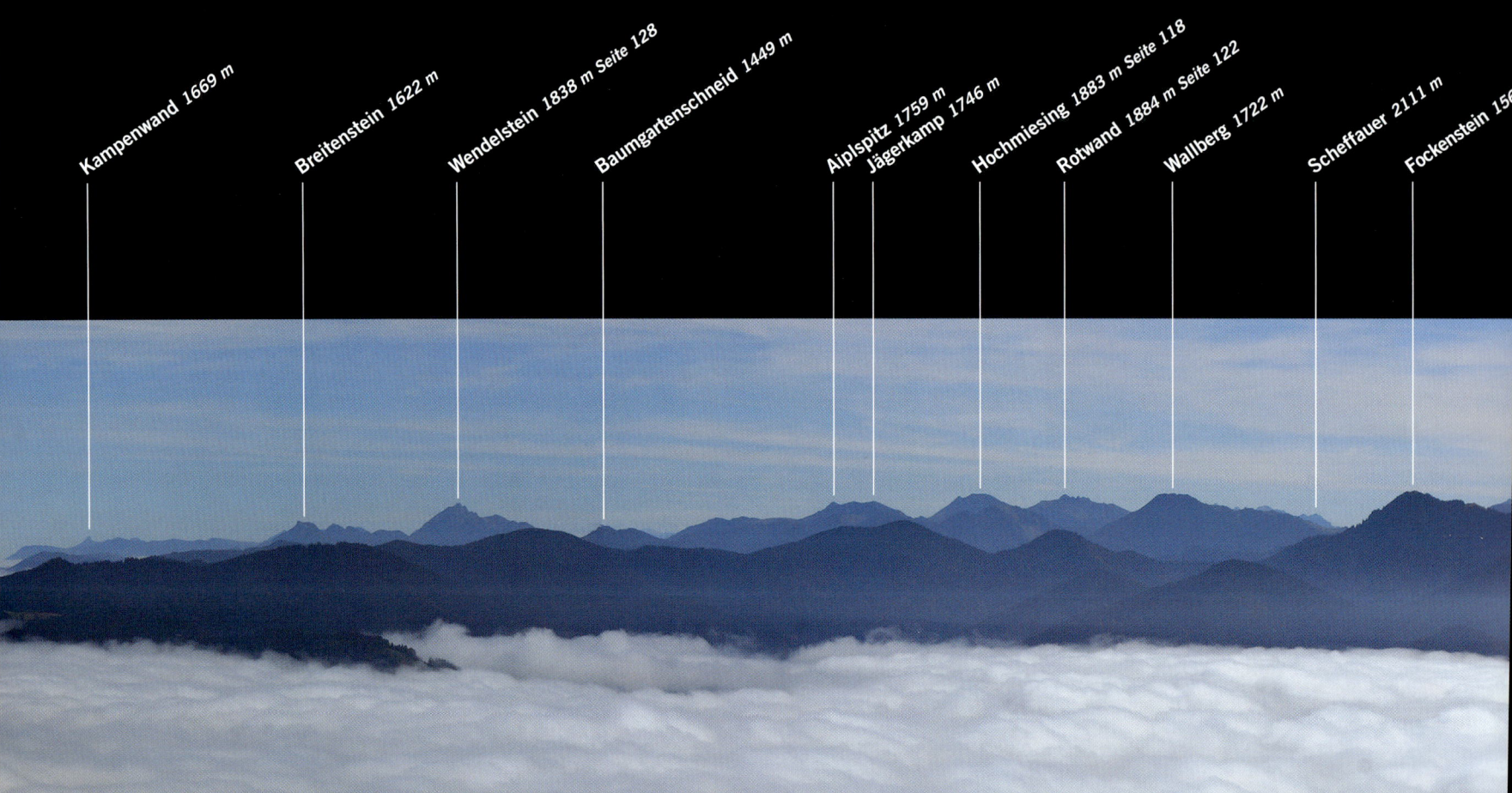

Kampenwand 1669 m
Breitenstein 1622 m
Wendelstein 1838 m Seite 128
Baumgartenschneid 1449 m
Aiplspitz 1759 m
Jägerkamp 1746 m
Hochmiesing 1883 m Seite 118
Rotwand 1884 m Seite 122
Wallberg 1722 m
Scheffauer 2111 m
Fockenstein 156

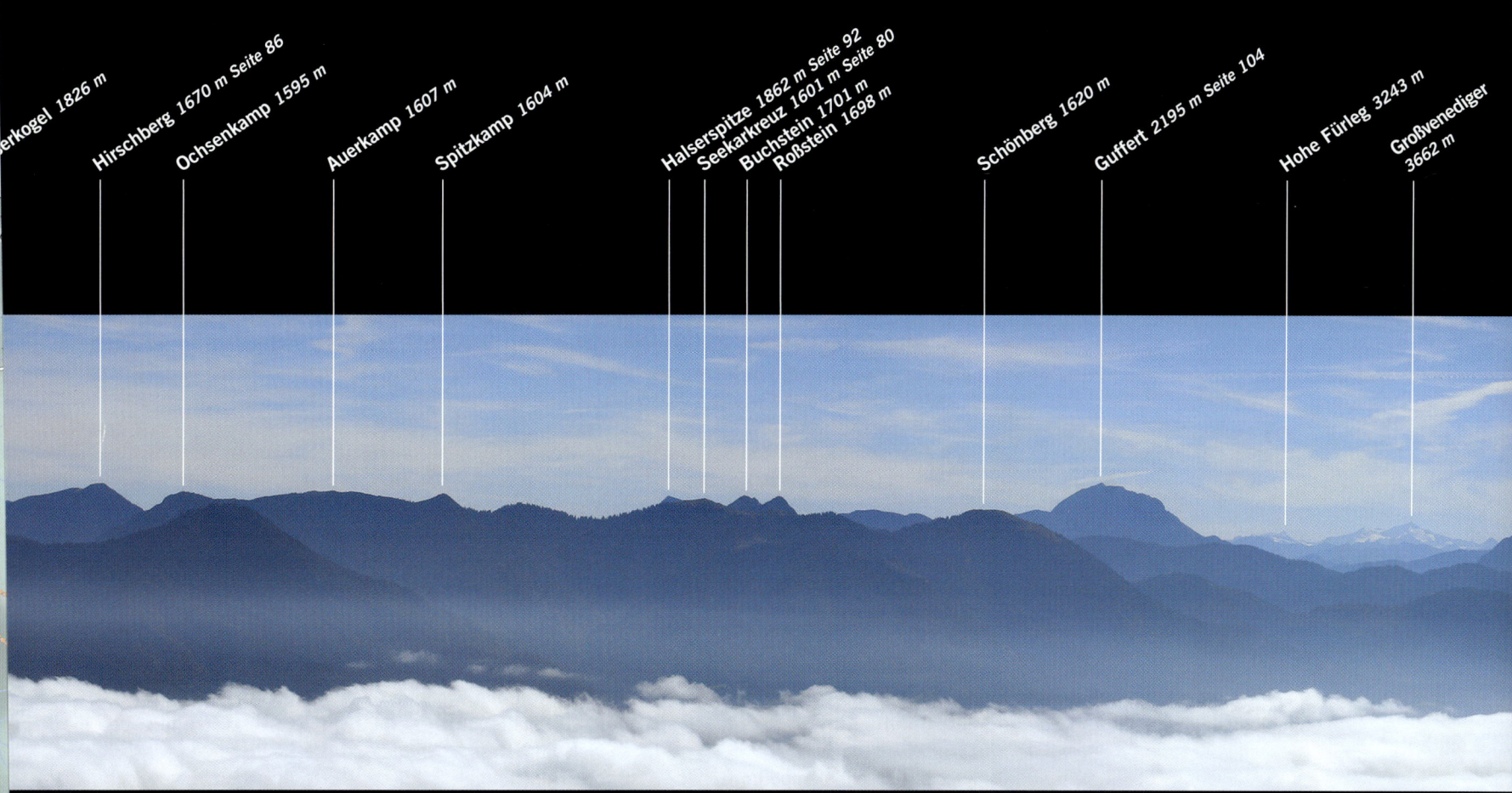

erkogel 1826 m
Hirschberg 1670 m Seite 86
Ochsenkamp 1595 m
Auerkamp 1607 m
Spitzkamp 1604 m
Halserspitze 1862 m Seite 92
Seekarkreuz 1601 m Seite 80
Buchstein 1701 m
Roßstein 1698 m
Schönberg 1620 m
Guffert 2195 m Seite 104
Hohe Fürleg 3243 m
Großvenediger 3662 m

Rotwand 1884 m Seite 122
Blankenstein 1768 m
Risserkogel 1826 m
Buchstein 1701 m
Roßstein 1698 m
Schinder 1808 m
Halserspitze 1862 m
Seite 92
Schmiedjoch 1810 m
Guffert 2195 m Seite 104
Vorderunnutz 2078 m
Rofanspitze 2259 m
Hochiss 2299 m Seite 110
Juifen 1987 m
Schreckenspitze 1980 m
Demeljoch 1923 m
Montscheinspitz 2106
Bettlerkarspit 220

Mangfallgebirge

Rofan-
gebirge

njoch 2458 m
Hochnisslspitze 2546 m
Lamsenspitze 2508 m
Gamsjoch 2452 m
Laliderer Falk 2427 m
Schafreuter 2102 m *Seite 74*
Sonnenspitze 2668 m
Kaltwasserkarspitze 2733 m
Birkkarspitze 2749 m
Östliche Karwendelspitze 2536 m
Vogelkarspitze 2522 m
Breitgrieskarspitze 2590 m
Große Riedlkarspitze 2585 m
Pleisenspitze 2569 m *Seite 46*
Hochkarspitze 2482 m
Soiernspitze 2259 m
Westliche Karwendelspitze 2385 m
Schöttelkarspitze 2050 m *Seite 54*
Große Arnspitze 2196 m
Wettersteinwand 2482 m
Leutascher Dreitorspitze 2682 m
Hochwanner 2744 m
Walchensee 802 m
Alpspitze 2628 m
Zugspitze 2962 m *Seite 28*
Hirschhörnlkopf 1514 m
Krottenkopf 2086 m
Jochberg 1565 m *Seite 40*
Herzogstand 1731 m
Heimgarten 1788 m
Ammergauer
Hochplatte
2082 m *Seite 14*

Karwendelgebirge

Wettersteingebirge

Ammergauer Alpen

S

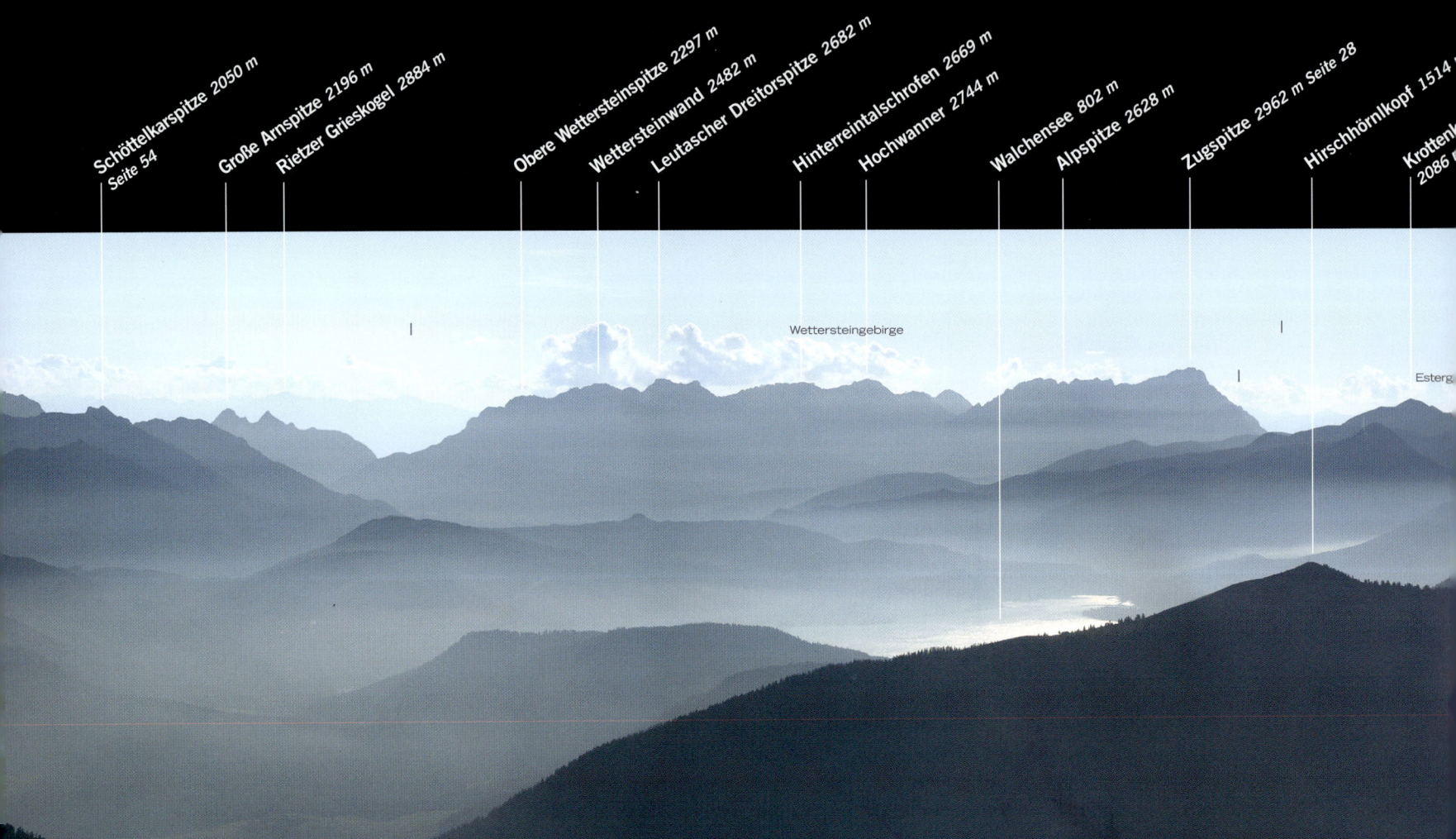

Schöttelkarspitze 2050 m
Seite 54

Große Arnspitze 2196 m

Rietzer Grieskogel 2884 m

Obere Wettersteinspitze 2297 m

Wettersteinwand 2482 m

Leutascher Dreitorspitze 2682 m

Hinterreintalschrofen 2669 m

Hochwanner 2744 m

Walchensee 802 m

Alpspitze 2628 m

Zugspitze 2962 m Seite 28

Hirschhörnlkopf 1514

Krottenl
2086

Wettersteingebirge

Esterg

Jochberg 1565 m Seite 40

Herzogstand 1731 m

Heimgarten 1788 m

Ammergauer Hochplatte
2082 m Seite 14

Klammspitze 1924 m

Rabenkopf 1555 m

Ammergauer Alpen

W

69

Am Kultberg der Münchner

Bei schönem Wetter sind am Brauneck bedingt durch den raschen „Aufstieg" per Seilbahn mehr Halbschuhtouristen unterwegs als Gipfel am Horizont erscheinen. Und das sind eine ganze Menge! Doch wer sich am Trubel nicht stört, kann sich auf dem Lenggrieser Hausberg am tollen Ausblick erfreuen. Oder den kühnen Drachen- und Gleitschirmpiloten aus der Nähe beim Start auf der Rampe zusehen. Oder auf einer der zahlreichen Alm- und Hüttenterrassen der näheren Umgebung den Laufsteg bewundern, der den Vergleich zum berühmten Münchner Stachus nicht zu scheuen braucht.

Auf dem Weg vom Brauneck zum Latschenkopf stets das Karwendelpanorama – hier von der Kaltwasserkarspitze bis zur Westlichen Karwendelspitze – im Visier

Beim Essen und am Berg schnappt man immer wieder lustige Wortfetzen auf. Der Familienvater etwa nörgelt am ersten Steilaufschwung Richtung Latschenkopf: „Mensch, lasst uns doch umkehren, das ist zu gefährlich hier. Ihr hattet mir nicht gesagt, dass ich wandern soll!" Einig sind sich alle darin, dass eine wunderbare Aussicht herrscht. Doch anders als auf den von „echten" Bergwanderern erklommenen Gipfeln vernimmt man relativ wenig Fachsimpelei bezüglich einer etwaigen Gipfelbestimmung.

Animation zum Gipfelquiz

Am leichtesten dürfte es sein, prominente Nachbarn wie den Latschenkopf, den Geierstein über Lenggries oder den Jochberg über dem Walchensee zu bestimmen. Sehr markant erscheint auch das Karwendelgebirge im Süden, weiter westlich hebt sich das Wettersteingebirge mit der Zugspitze von der Umgebung ab. Estergebirge und Ammergauer Berge sind im Westen ebenso auszumachen wie Mangfall- und Kaisergebirge im Osten. Und auch einige entfernte Gletscherberge grüßen bei klarer Sicht aus der Ferne.

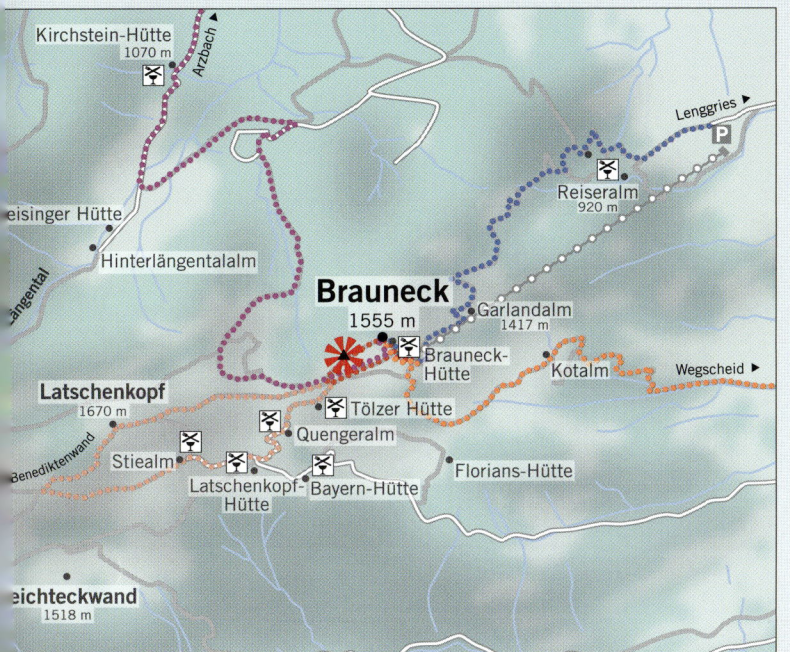

Lenggries ▸

Kirchstein-Hütte
1070 m

eisinger Hütte

Hinterlängentalalm

Reiseralm
920 m

Brauneck
1555 m

Garlandalm
1417 m

Brauneck-
Hütte

Kotalm

Wegscheid ▸

Latschenkopf
1670 m

Tölzer Hütte

Quengeralm

Stiealm

Florians-Hütte

Latschenkopf-
Hütte

Bayern-Hütte

eichteckwand
1518 m

Gipfelanstiege

- ● Von der Bergstation der Brauneck-Bergbahn ist es nur ein Katzensprung bis zum Gipfel (1/4 Std., 55 HM).

- ● Von der Talstation auf breitem Weg zur Garlandalm (Skilifte) und auf steilem Steig zur Bergstation (2 1/2 Std., 850 HM)

- ● Von Wegscheid Richtung Kotalm und über den Südhang empor (2 1/2 Std., 850 HM)

- ● Vom Parkplatz am Arzbach über die Kirchstein-Hütte in das Längental, vor der Längentalalm links auf dem Jägersteig Richtung Lenggries, Abzweig Nordanstieg Brauneck, über Stangeneck und Schrödelstein zum Gipfelkamm (3 1/4 Std., 800 HM)

Berghütten *(Auswahl)*

- • **Reiseralm,** Tel. 0 80 42 - 83 02, www.reiseralm.de
- • **Brauneck-Gipfelhaus,** Tel. - 87 86, www.brauneckgipfelhaus.de
- • **Stiealm,** Tel. - 23 36, www.stie-alm.de
- • **Quengeralm,** Tel. - 29 34, www.quenger-alm.de

Fernwanderwege

Via Alpina und
Maximiliansweg (E 4)
zwischen Lenggries,
Brauneck und
Benediktenwand

*Stiealm mit beinahe
ungetrübtem
Panoramablick in
Richtung Süden*

Anfahrt

ÖVM Mit der BOB nach Lenggries und dort in den RVO-Bus zur Talstation Brauneck-Bergbahn bzw. je nach Ausgangsort nach Wegscheid oder Arzbach umsteigen

Auto Von München über Bad Tölz nach Lenggries und zur Talstation (großer Wanderparkplatz) oder zum entsprechenden Talort

Bergbahn

Brauneckbahn, Tel. 0 80 42 - 50 39 40, www.brauneck-bergbahn.de

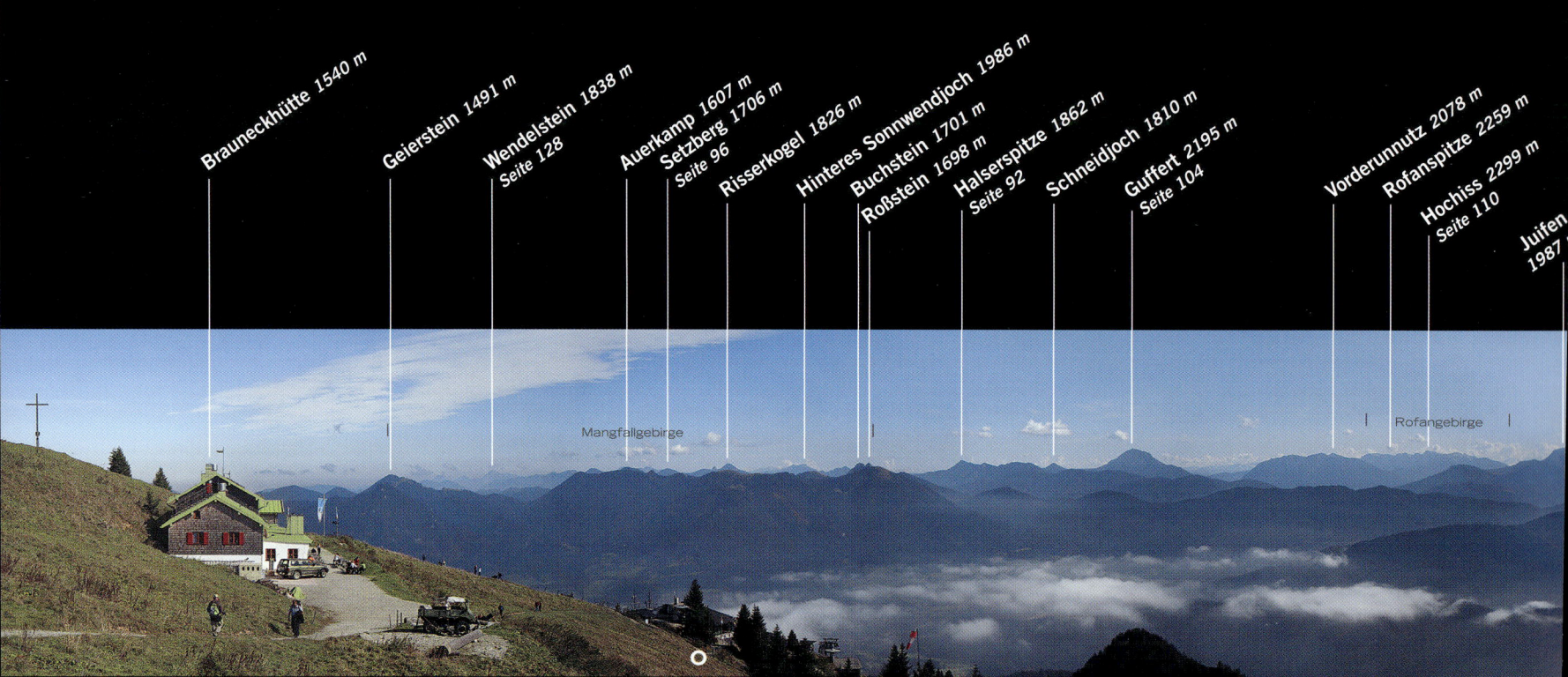

Brauneckhütte 1540 m

Geierstein 1491 m

Wendelstein 1838 m
Seite 128

Auerkamp 1607 m
Setzberg 1706 m
Seite 96

Risserkogel 1826 m

Hinteres Sonnwendjoch 1986 m
Buchstein 1701 m
Roßstein 1698 m

Halserspitze 1862 m
Seite 92

Schneidjoch 1810 m

Guffert 2195 m
Seite 104

Vorderunnutz 2078 m
Rofanspitze 2259 m

Hochiss 2299 m
Seite 110

Juifen
1987

Mangfallgebirge

Rofangebirge

Demeljoch 1923 m

Bettlerkarspitze 2268 m

Lamsenspitze 2508 m

Gamsjoch 2452 m

Laliderer Falk 2429 m

Schafreuter 2102 m
Seite 74

Kaltwasserkarspitze 2733 m

Birkkarspitze 2749 m

Östliche Karwendelspitze 2536 m

Vogelkarspitze 2522 m

Große Riedlkarspitze 2585 m

Hochkarspitze 2482 m

Soiernspitze 2259 m

Schöttelkarspitze 2050 m
Seite 54

Dreitorspitze 2682 m

Hochwanner 2744 m

Alpspitze 2628 m

Zugspitze 2962 m
Seite 28

Latschenkopf 2744 m

Karwendelgebirge

Wettersteingebirge

S

Abstieg vom Schafreuter zur Tölzer Hütte über plattiges Gestein. Am Horizont sind Hochiss, Montscheinspitze, Grasbergjoch, Schaufelspitz, Sonnjoch und Hochnisslspitze erkennbar. (v.l.n.r.)

Warten auf das späte Licht

Am Ende der Serie goldener Oktobersonntage steht die Besteigung des Schafreuters auf dem Programm. Zwar sind mit Beginn der Winterzeit die Bäume größtenteils entlaubt, doch dafür entschädigt die überragende Fernsicht. Wir sind auf Abendstimmung eingestellt und haben unsere Stirnlampen für den Nachtabstieg im Gepäck. Klar ist die Aussicht auch tagsüber famos, doch das Gewusel der bis in den späten Nachmittag eintrudelnden Gipfelstürmer stört das nach Ruhe suchende Kameraobjektiv.

Trotzdem drei Stunden Gipfelpause mit Buchlektüre zwischen Brotzeit und ausgiebigem Panoramagenuss. Dann Abstieg über die sonnige Südseite zur Tölzer Hütte, deren Wirtin zum Saisonfinale etwas mürrisch wirkt. Von der Hütte erfolgt die Querung an der Südseite des Schafreuters. Nach kurzem Gegenanstieg kommt die flache Wiese für den Aufbau des Stativs wie gerufen.

Im Bann des Karwendels

Von diesem Standort knapp 300 Meter unterhalb des Schafreuters offenbart sich das Karwendelgebirge noch näher als vom Gipfel in seiner schroffen Schönheit. Mit Hochnissl, Lamsen, Laliderer, Kaltwasserkar, Birkkar, Ödkar und Östliche Karwendelspitze zeigt sich reichlich alpine Prominenz.

Spannend die Frage, wo die Sonne untergeht: Ende Oktober genau zwischen Wörner und Soiernspitze. Und im Osten leuchtet das normal unscheinbare Delpsjoch über der Tölzer Hütte spektakulär in rostbraunen Farben.

Klar ist die Aussicht vom Gipfel vielseitiger. Im Norden erkennt man beispielsweise die bayerischen Voralpen mit Herzogstand, Benediktenwand und Blaubergen. Wie ein norwegischer Fjord zwängt sich der Sylvensteinspeicher in das enge Isartal. Auch der malerische Walchensee ist gut einsehbar. Im Osten grüßen der Wilde Kaiser, das Rofan und entfernte Gletscherberge. Doch um das Karwendel im letzten Licht abzuwarten, ist jeder Standort oberhalb der Waldgrenze willkommen. Denn 99 Prozent aller Wanderer sind zu diesem Zeitpunkt bereits lange in das schattig-dunkle Rißtal abgetaucht.

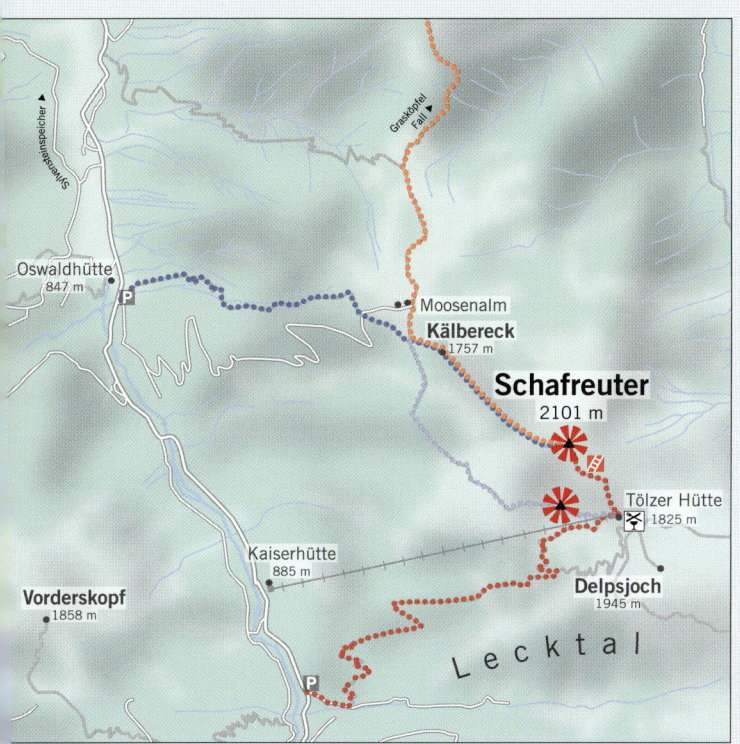

Gipfelblick nach Westen: Über der Soiernspitze ist soeben noch die Alpspitze zu sehen, rechts von ihr die Zugspitze, links die Dreitorspitzen.

Anfahrt

ÖVM Mit der BOB nach Lenggries und dort in den RVO-Bus Richtung Hinterriß / Eng (Station Fall, Oswaldhütte bzw. Lecktal) umsteigen

Auto Von München über Bad Tölz und Lenggries nach Fall am Sylvensteinspeicher bzw. Weiterfahrt in das Rißtal (Parkplatz südlich von Vorderriß bzw. Oswaldhütte und Lecktal)

Gipfelanstiege

● Kürzester Anstieg vom Parkplatz Lecktal: wenige Minuten auf dem Forstweg, dann links auf dem Bergsteig zur Tölzer Hütte und über die teils schrofige Südseite empor (kurze Drahtseilstellen, 3 Std., 1200 HM)

● Von der Oswaldhütte auf dem Steig über die Moosenalm zum Kälbereck, wo der schöne Nordwestgrat ansetzt (3 1/4 Std., 1230 HM)

● Landschaftlich großartig, aber lang: von Fall auf dem Forstweg zur Grammersberg-Alm, Überschreitung Grasköpfel zur Moosenalm und wie oben zum Gipfel (5 Std., 1670 HM)

Berghütte

• **Tölzer Hütte** (1835 m, DAV), Tel. 00 43 - 664 - 180 17 90, Mitte Mai bis Mitte Oktober, www.toelzer-huette.at

Sylvensteinspeicher 750 m

Fockenstein 1564 m

Seekarkreuz 1601 m Seite 80

Hirschberg 1670 m Seite 86

Kotzen 1766 m

Wallberg 1722 m

Setzberg 1706 m Seite 96

Risserkogel 1826 m

Rotwand 1884 m Seite 122

Halserspitze 1862 m Seite 90

Juifen 1987 m

Hinteres Sonnwendjoch 1986 m

Guffert 2195 m Seite 104

Stierjoch 1909 m

Schreckensp 2022 m

Mangfallgebirge

Wilder Kaiser

Sonnenspitze 2650 m

Kaltwasserkarspitze 2733 m

Birkkarspitze 2749 m

Ödkarspitzen 2536 m

Östliche Karwendelspitze 2536 m

Vogelkarspitze 2522 m

Hochkarspitze 2484 m

Wörner 2474 m

Dreitorspitze 2682 m

Soiernspitze 2259 m Seite 28

Zugspitze 2962 m Seite 54

Schöttelkarspitze 2050 m Seite 36

Wank 1779 m Seite 36

Krottenkopf 2

Hohe 1922

Stubaier Alpen

Wettersteingebirge

Estergebirge

...ochiss 2299 m Seite 110

Großglockner 3798 m

Baumgartenjoch 1938 m

Montscheinspitze 2106 m

Großvenediger 3662 m

Grasbergjoch 2020 m

Schaufelspitz 2306 m

Sonnjoch 2457 m

Fleischbank 2187 m

Hochnisslspitze 2546 m

Lamsenspitze 2508 m

Gamsjoch 2452 m

Laliderer Falk 2429 m

Risser Falk 2413 m

Lalidererspitze 2588 m

Sonnenspitze 2650 m

Kaltwasserkarspitze 2733 m

...ngebirge

S

...tsberg 1836 m

Aufacker 1542 m

Heimgarten 1790 m

Herzogstand 1731 m

Walchensee 802 m

Jochberg 1565 m Seite 40

Grasköpfel 1726 m

Rabenkopf 1555 m

Schafreuter 2102 m
Seite 74

Tölzer Hütte 1825 m

Baumgartenjoch 1931 m

Delpsjoch 1945 m

Grasbergjoch 2020 m
Hölzelstaljoch 2012 m

Fleischbank 2187 m

Schönalmjoch 1986 m

Gamsjoch 2452 m

Laliderer F
2

Risser F
24

N

O

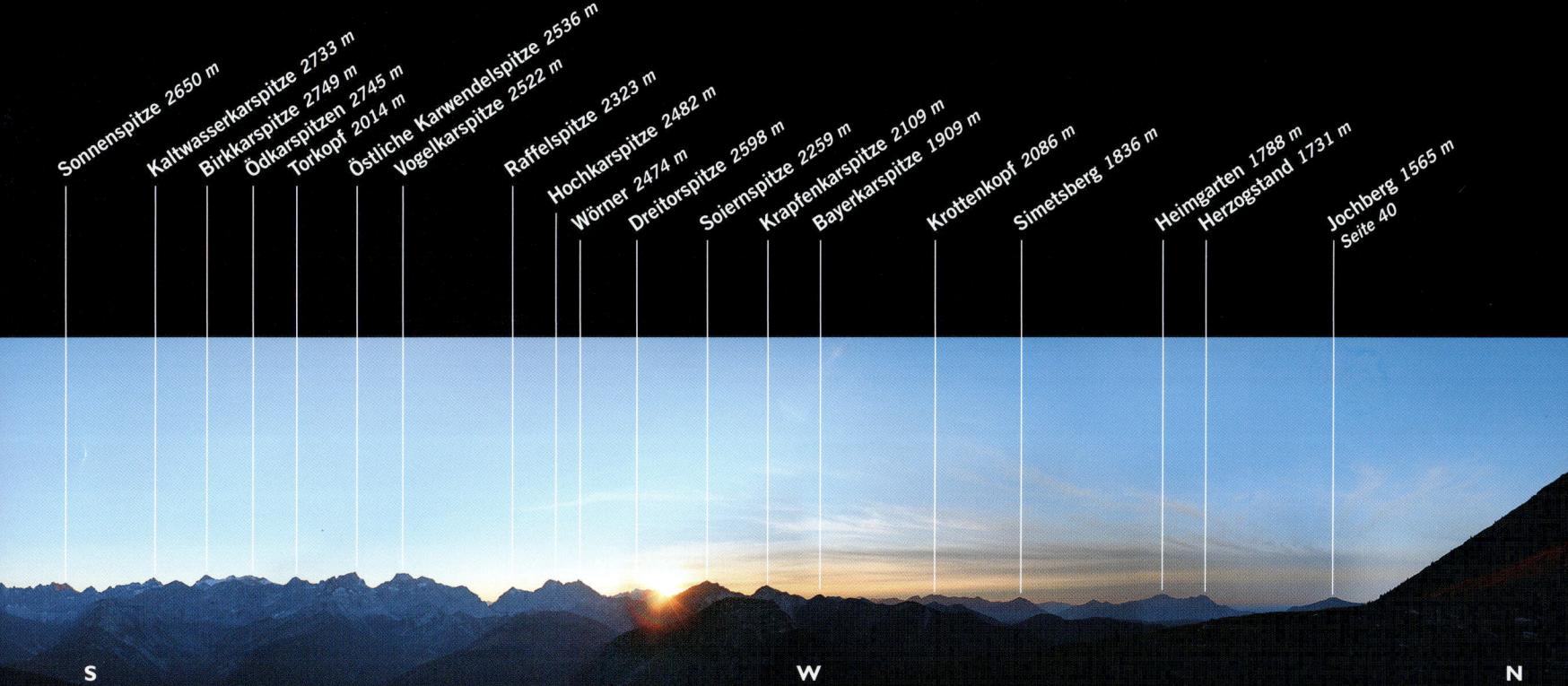

Sonnenspitze 2650 m
Kaltwasserkarspitze 2733 m
Birkkarspitze 2749 m
Ödkarspitzen 2745 m
Torkopf 2014 m
Östliche Karwendelspitze 2536 m
Vogelkarspitze 2522 m
Raffelspitze 2323 m
Hochkarspitze 2482 m
Wörner 2474 m
Dreitorspitze 2598 m
Soiernspitze 2259 m
Krapfenkarspitze 2109 m
Bayerkarspitze 1909 m
Krottenkopf 2086 m
Simetsberg 1836 m
Heimgarten 1788 m
Herzogstand 1731 m
Jochberg 1565 m
Seite 40

S

W

N

79

Sonnenuntergang am Berg

Nicht nur romantische Seelen freuen sich über einen schönen Sonnenuntergang am Berg. Viele scheuen allerdings den Abstieg in der Dunkelheit, weshalb man das abendliche Schauspiel meist alleine erlebt. Vom Seekarkreuz ist es jedoch nicht weit bis zur Lenggrieser Hütte, auf der man übernachten kann. Oder zur Rauh-Alm am Fuß des Gipfelaufbaus, die AV-Mitgliedern im Winterhalbjahr offen steht. Mit der Übernachtungsoption kann man am Gipfel unbeschwert das allerletzte Licht abwarten.

B ei Inversionswetterlagen im Herbst zeichnen sich die einzelnen Bergketten vor allem im Gegenlicht besonders scharf voneinander ab. Während der Taldunst die Sicht im unteren Bereich etwas einschränkt, erscheinen die Bergspitzen und Grate in der klaren Luft zum Greifen nah.

Weitsicht bis zu den Zillertalern

Im Herbst geht die Sonne unmittelbar über der Benediktenwand unter. Etwas tiefer im Westen tauchen jenseits von Herzogstand und Ammergauer Hochplatte die Tannheimer Berge auf. Über das Estergebirge schwenkt der Blick zum Wettersteinkamm mit der Zugspitze. Wie an einer Perlenschnur reihen sich weiter östlich die Berge des Karwendel-Hauptkamms aneinander, darunter direkt neben den Ödkarspitzen die 2749 Meter hohe Birkkarspitze.

Obwohl viele im Süden angrenzende Berge das Seekarkreuz um bis zu 1000 Meter überragen, findet der Betrachter einen Durchblick zu den Zillertaler Alpen. Über dem nahen Schönberg etwa tauchen am Horizont Olperer und Gefrorene Wandspitze auf, und im großen V-Einschnitt des Achensees erkennt man den Schwarzenstein und den Großen Löffler. Zwischen Rofan und Guffert wiederum zeigen sich einige Dreitausender aus dem Gerlosgebiet, und links von Roß- und Buchstein und Blaubergrat leuchten Hoher Tenn und Schneespitze in der Abendsonne.

Im nahen Tegernseer Tal macht sich zunehmend die Dämmerung breit, sodass die tieferen Berge nur noch diffus erscheinen. Dafür werden auf der anderen Seite Wetten angenommen, wann die Sonne hinter der Benediktenwand verschwindet.

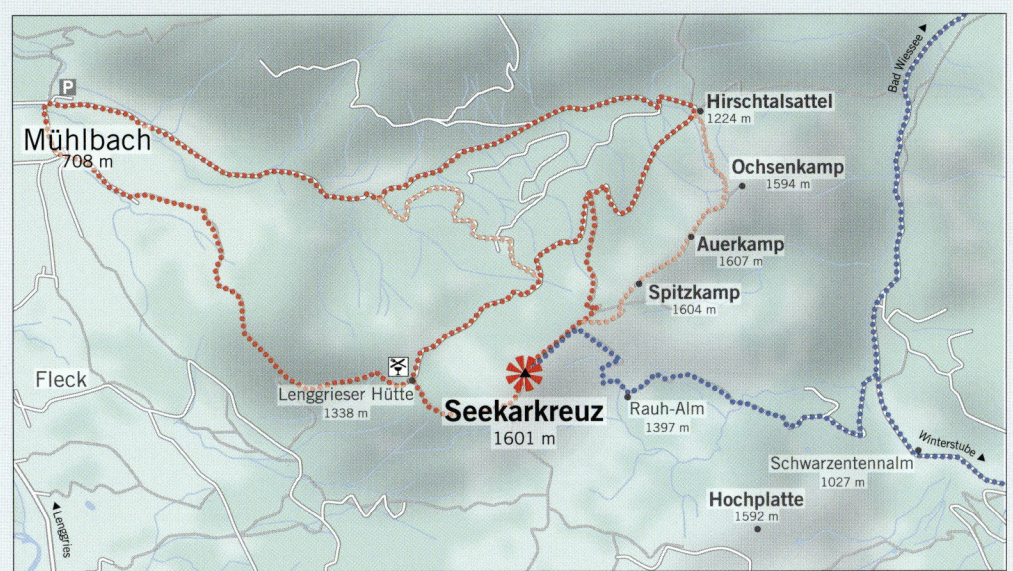

Mühlbach
708 m

Hirschtalsattel
1224 m

Ochsenkamp
1594 m

Auerkamp
1607 m

Spitzkamp
1604 m

Lenggrieser Hütte
1338 m

Fleck

Seekarkreuz
1601 m

Rauh-Alm
1397 m

Schwarzentennalm
1027 m

Winterstube

Hochplatte
1592 m

Bad Wiessee

Vier Wanderer mit vier bekannten Tegernseer Bergen: Setzberg, Risserkogel, Leonhardstein und Halserspitze; der Hirschberg ist zur Hälfte verdeckt.

Anfahrt

ÖVM Mit der BOB stündlich nach Lenggries, weiter zu Fuß bis Mühlbach (2 km); alternativ mit der BOB nach Gmund am Tegernsee und per RVO-Bus nach Bad Wiessee

Auto Von München wahlweise über Bad Tölz nach Lenggries und zum Wanderparkplatz hinter der Schlossschänke Hohenburg; Bad Wiessee ist über Holzkirchen (A 8) und Gmund am Tegernsee erreichbar, Parkplatz am Eingang Söllbachtal; Parkplatz auch an der Winterstube südwestlich von Kreuth

Gipfelanstiege

● Von Mühlbach zunächst flach über Wiesen, dann auf einem bei Nässe glitschigen Wurzelsteig über die Lenggrieser Hütte – die man auch über den Hirschtalsattel (Fahrweg) erreicht – zum Gipfel (2 1/2 Std., 900 HM)

● Von Bad Wiessee auf dem Fahrweg durch das Söllbachtal in Richtung Schwarze Tenn, noch vor den Almwiesen Abzweig zu Rauh-Alm und Seekarkreuz; den Abzweig erreicht man auch von der anderen Seite beim Aufstieg von der Winterstube über die Schwarzentennalm (je 3 Std., 800 HM)

Berghütte

• **Lenggrieser Hütte** (1338 m, DAV), Tel. 01 75 - 596 28 09, ganzjährig, www.dav-lenggries.de

81

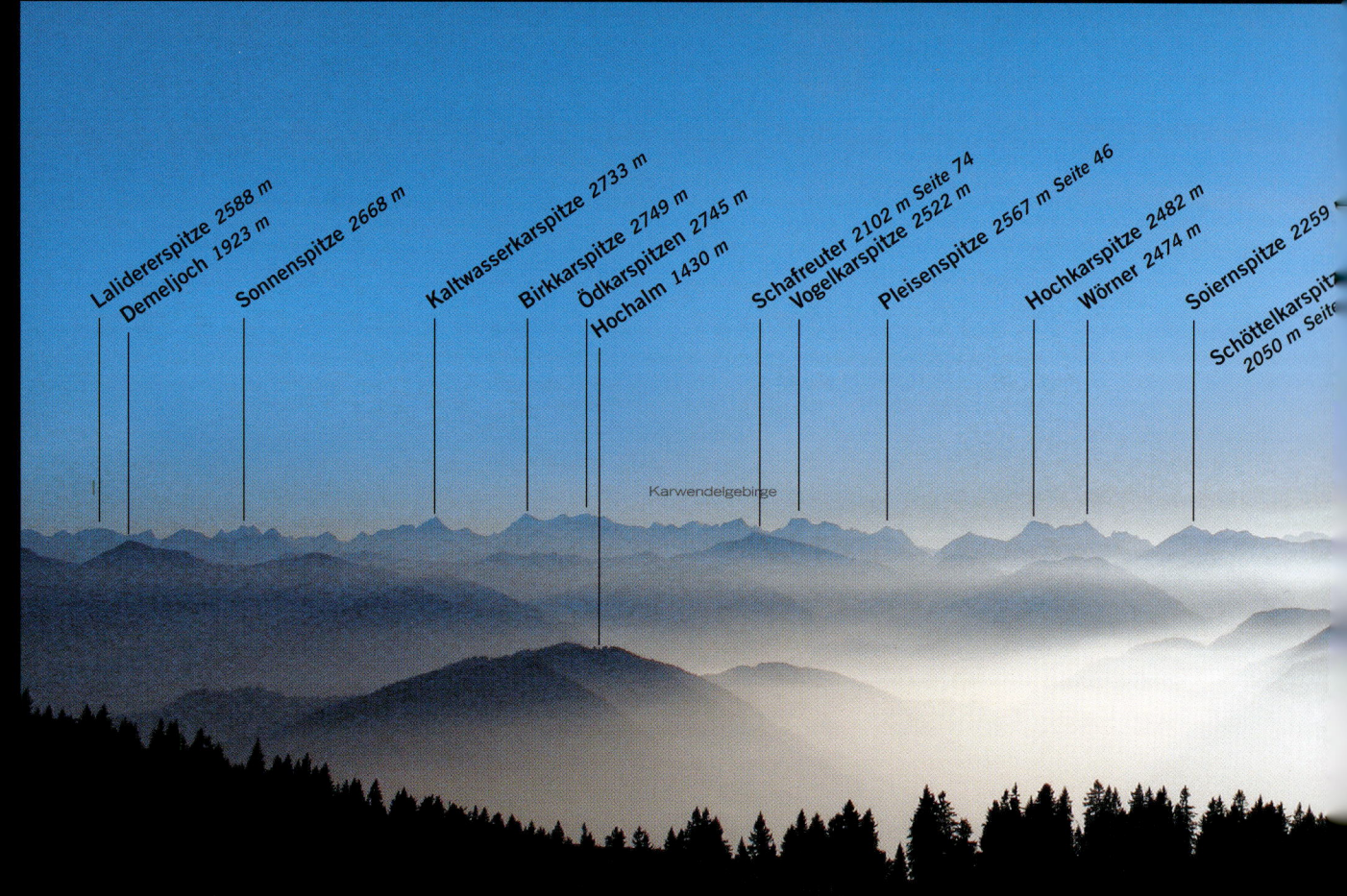

Lalidererspitze 2588 m
Demeljoch 1923 m
Sonnenspitze 2668 m
Kaltwasserkarspitze 2733 m
Birkkarspitze 2749 m
Ödkarspitzen 2745 m
Hochalm 1430 m
Schafreuter 2102 m Seite 74
Vogelkarspitze 2522 m
Pleisenspitze 2567 m Seite 46
Hochkarspitze 2482 m
Wörner 2474 m
Soiernspitze 2259
Schöttelkarspit
2050 m Seite

Karwendelgebirge

Dreitorspitze 2682 m

Staffel 1532 m

Zugspitze 2962 m
Seite 28

Krottenkopf 2086 m

Hohe Kisten 1922 m

Kreuzspitze 2185 m

Simetsberg 1836 m

Jochberg 1565 m Seite 40

Heimgarten 1798 m

Benediktenwand 1801 m
Seite 64

Achselköpfe 1709 m

Latschenkopf 1667 m

Brauneck
1555 m
Seite 70

Wettersteingebirge

Estergebirge

Ammergauer
Alpen

Zwiesel 1782 m
Seite 60

Hochfelln 1671 m

Hochgern 1748 m

Mitterhorn 2506 m

Sulten 1473 m

Kampenwand 1669 m

Scheibenwand 1598 m

Geigelstein 1813 m

Hochries 1568 m

Brandelberg 1515 m

Spitzstein 1596 m

Heuberg 1338 m

Kranzhorn 1358 m

Pyramidenspitze 1998 m

Ellmauer Halt 2344 m

Treffauer 2304 m

Wildbarren 1448 m

Scheffauer 2111 m

Farrenpoint 1273 m

Rampoldplatte 1477 m

Wendelstein 1838 m
Seite 128

Breitenstein 1622 m

Chiemgauer Berge

Kaisergebirge

Schlierseer Ber

Hochmiesing 1883 m Seite 118
Rotwand 1884 m Seite 122
Aiplspitz 1759 m
Jägerkamp 1746 m
Schliersberg 1265 m
Brecherspitz 1683 m
Bodenschneid 1669 m
Guffert 2195 m Seite 104
Risserkogel 1826 m
Wallberg 1722 m
Setzberg 1706 m Seite 96
Gindelalmschneid 1335 m
Hirschberg 1670 m Seite 86
Kaltwasserkarspitze 2733 m
Birkkarspitze 2749 m
Kampen 1607 m
Östliche Karwendelspitze 2536 m
Fockenstein 1564 m
Geierstein 1491 m
Rechelkopf 1330 m
Brauneck 1555 m Seite 70
Benediktenwand 1801 m Seite 64

Tegernseer Berge

Tölzer Berge

S

Anfahrt

ÖVM S 6 Kreuzstraße, Regionalbahn nach Bruckmühl (Richtung Rosenheim)

Auto A 8 Ausfahrt Hofolding, ab Aying über Feldkirchen-Westerham zum Zielort

Wandertipp

● Kreuzweg von Maxhofen bis „Zur schönen Aussicht" über Felder und durch Wald (ca. 3/4 Std.). Ab Bahnhof Bruckmühl zunächst teils auf kleinen Teerwegen bis Maxhofen (ca. 3/4 Std.)

Einkehr

• **Zur Schönen Aussicht,** Kleinhöhenrain, Tel. 0 80 63 - 86 63, Mi. Ruhetag, www.zur-schoenen-aussicht.com

Kleinhöhenrain 612 m
Zur schönen Aussicht
Maxhofen
Kirchdorf
Bruckmühl 512 m

Aussichtskanzel über dem Tegernsee

Der Tegernsee ist vom Gipfel fast komplett zu sehen.

Der Hirschberg erinnert mit seinem langgezogenen, flachen Gipfelgrat fast an einen Tafelberg und prägt sich somit auch dem Laien relativ schnell ein. Dennoch wird er zuweilen mit dem benachbarten Wallberg verwechselt, der zumindest vom Alpenvorland aus betrachtet einen ähnlichen Gipfelaufbau aufweist. Selbst bei großem Andrang findet man am Gipfel immer ein Plätzchen, von dem man den herrlichen Panoramablick in Ruhe genießen kann.

In Scharling hat man die Wahl zwischen zwei Anstiegen. Die klassische Route nähert sich nach Passieren der Waldpassage von Norden dem Berg. Schöne Ausblicke auf die benachbarten Gipfel Fockenstein, Ochsenkamp, Auerkamp, Spitzkamp und Seekarkreuz, die sich jenseits des Söllbachtals erheben, genießt der Wanderer erst beim Schlussanstieg zum Hirschberghaus. Oberhalb der Hütte trifft der Normalweg auf den von den Rauheckalmen heraufführenden Steig. Man wandert auf dem mit Latschen bewachsenen Grat um einen schönen Bergkessel herum und steuert den Gipfel zuletzt über eine freie Wiese von Osten an.

Lohnendes Ziel zu jeder Jahreszeit

Da der Hirschberg keine unmittelbaren Nachbarn hat, ist das Panorama entsprechend lohnend. Im Süden ist das unverwechselbare Gipfelduo Ross- und Buchstein erkennbar, in dessen Scharte exponiert die Tegernseer Hütte liegt. Dahinter hebt sich der Karwendel-Hauptkamm mit seinen zackigen Bergspitzen – darunter die 2749 Meter hohe Birkkarspitze – gegen den Himmel ab. Zwischen Karwendel und Rofan zeigt sich der Zillertaler Hauptkamm mit Großer Möseler und Hochfeiler. Im Osten taucht hinter dem Mangfallgebirge das Kaisergebirge auf. Und am Ostufer des Tegernsees erkennt man quasi über dem Hirschberghaus gerade noch das Tegernseer Bräustüberl. Stark auch der Blick in den Westen, wo sich neben dem Estergebirge Frieder und Ammergauer Hochplatte zeigen.

Selbst nach ergiebigen Neuschneefällen ist die Wegtrasse auf den Hirschberg übrigens rasch gespurt. Das ist eine gute Nachricht für unser Gipfelbestimmungs-Thema, denn zur kalten Jahreszeit herrscht oft eine bessere Fernsicht als im Sommer.

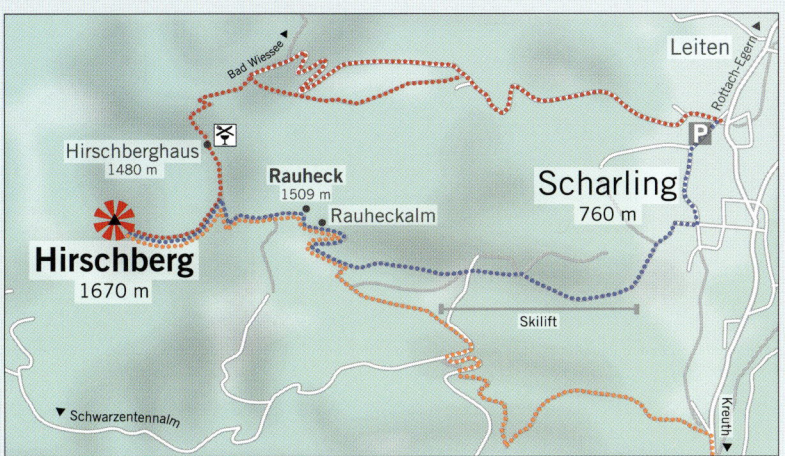

Genusswandern am winterlichen Hirschberg. Rechts vom Roßstein (Vordergrund) das Karwendel mit der Birkkarspitze, in der Bildmitte Alp- und Zugspitze

Anfahrt

ÖVM Mit der BOB nach Gmund oder Tegernsee, dort in den RVO-Bus nach Scharling umsteigen

Auto Über Holzkirchen und Tegernsee nach Scharling (gebührenpflichtiger Parkplatz)

Gipfelanstiege

- 🔴 Von Leiten bei Scharling auf dem Forstweg (im Winter Rodelbahn) zur Talstation der Materialseilbahn und auf schön angelegtem Steig über das Hirschberghaus.

- 🔵 Entlang der Skipiste durch Wald zu den Rauheckalmen und zuletzt auf dem mit Latschen bewachsenen Nordostgrat.

- 🟠 Von Kreuth auf dem Fernwanderweg Via Alpina (je 2–2 1/2 Std., 950 HM).

Etwas länger sind die Anstiege von Bad Wiessee über Bauer in der Au und vom Parkplatz Winterstube über die Schwarzentennalm.

Berghütten

- **Hirschberghaus** (1480 m, privat), Tel. 08029-465, ganzjährig täglich außer Di.
- Einkehr auch beim **Bauer in der Au** und in der **Schwarzentennalm**

Fernwanderweg

Via Alpina zwischen Kreuth und Schwarzentennalm

Tegernsee 725 m

Neureuth 1263 m

Gindelsalmschneid 1335 m

Riederstein 1207 m

Baumgartenschneid 1448 m

Lannenkopf 1415 m

Breitenstei 1622 m

N

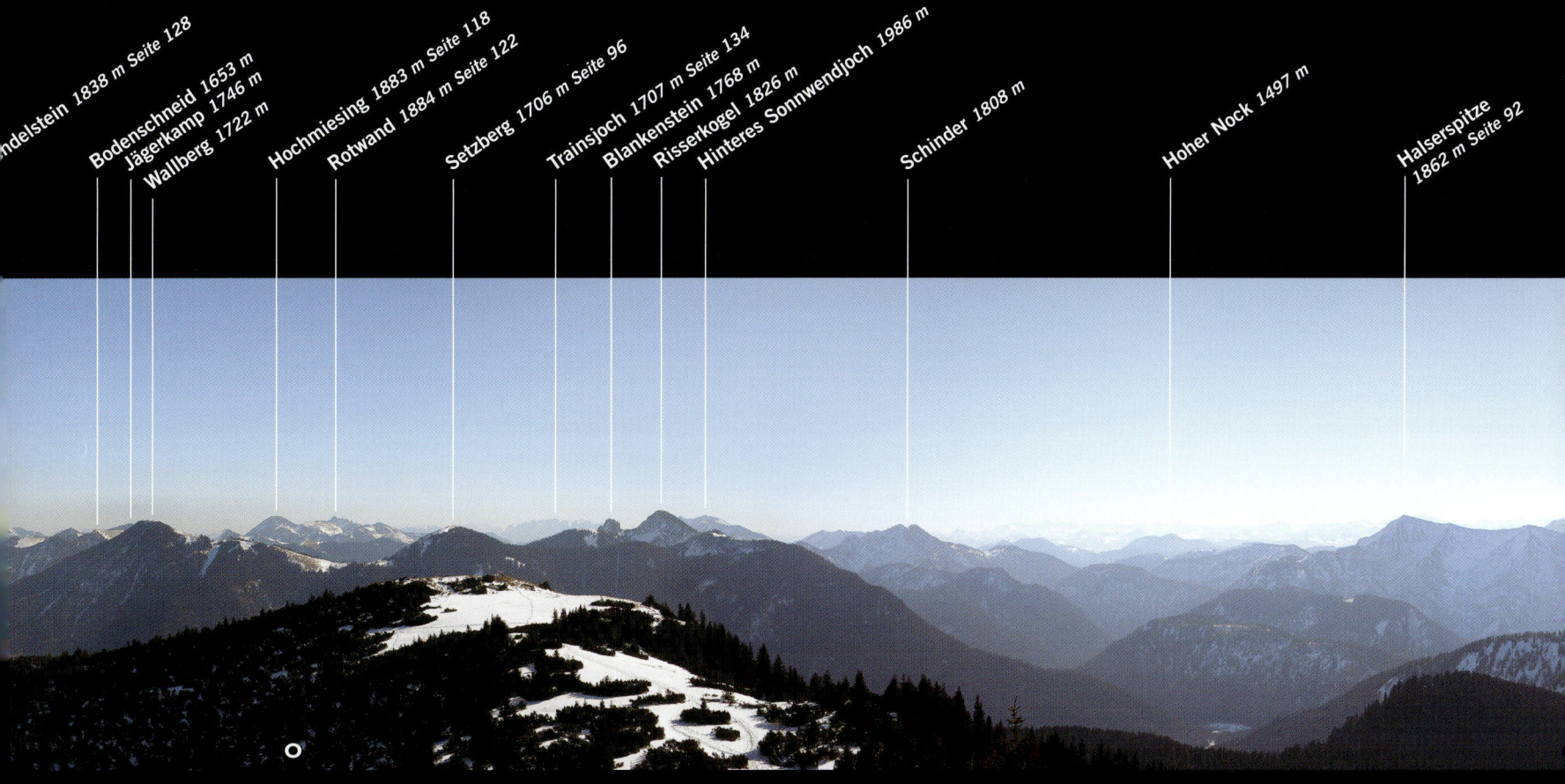

ndelstein 1838 m Seite 128
Bodenschneid 1653 m
Jägerkamp 1746 m
Wallberg 1722 m
Hochmiesing 1883 m Seite 118
Rotwand 1884 m Seite 122
Setzberg 1706 m Seite 96
Trainsjoch 1707 m Seite 134
Blankenstein 1768 m
Risserkogel 1826 m
Hinteres Sonnwendjoch 1986 m
Schinder 1808 m
Hoher Nock 1497 m
Halserspitze 1862 m Seite 92

→

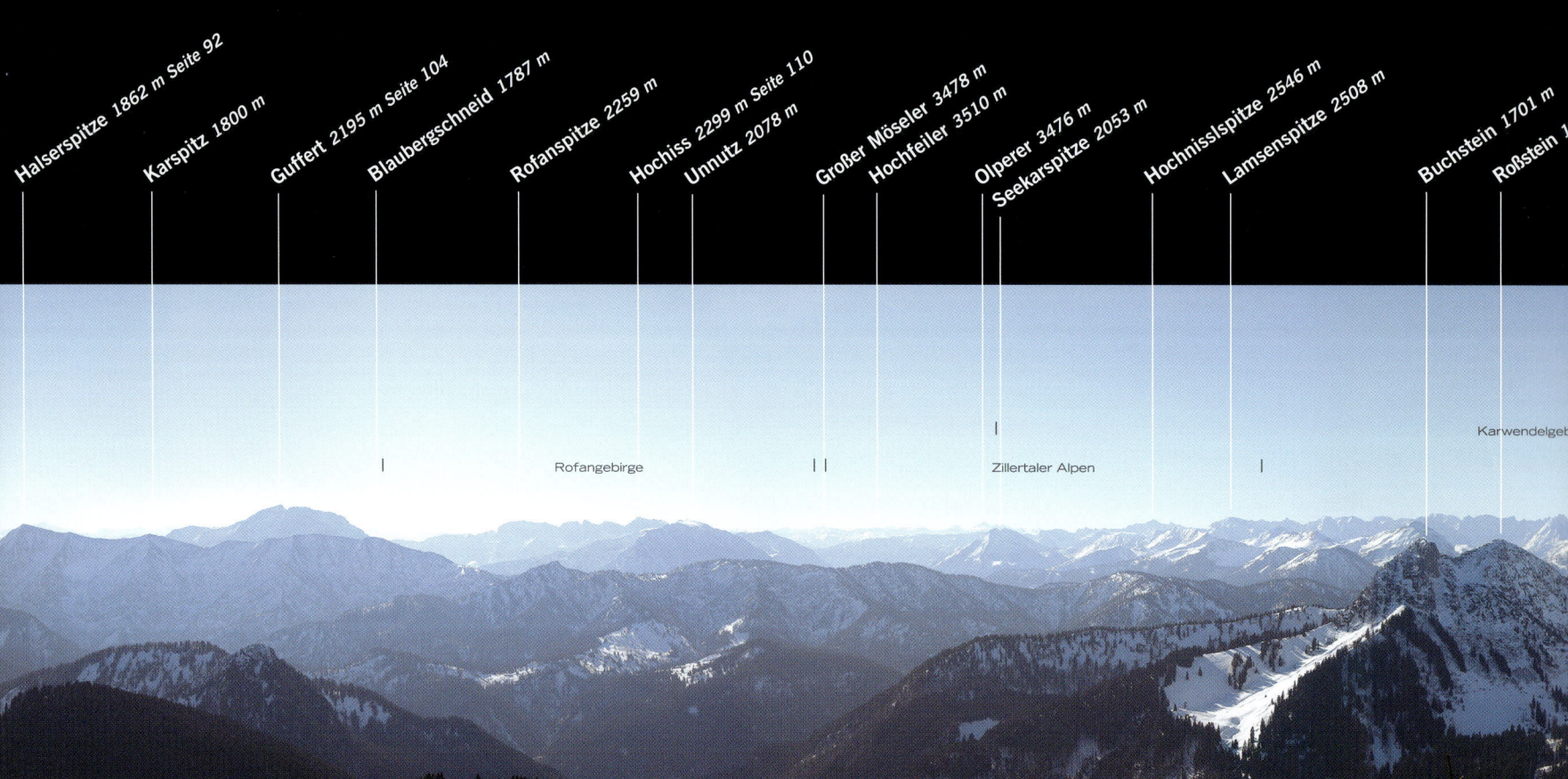

18 Hirschberg | **1670 m** | **Mangfallgebirge**

Halserspitze 1862 m Seite 92

Karspitz 1800 m

Guffert 2195 m Seite 104

Blaubergschneid 1787 m

Rofanspitze 2259 m

Hochiss 2299 m Seite 110

Unnutz 2078 m

Großer Möseler 3478 m

Hochfeiler 3510 m

Olperer 3476 m

Seekarspitze 2053 m

Hochnisslspitze 2546 m

Lamsenspitze 2508 m

Buchstein 1701 m

Roßstein 1

Rofangebirge

Zillertaler Alpen

Karwendelgeb

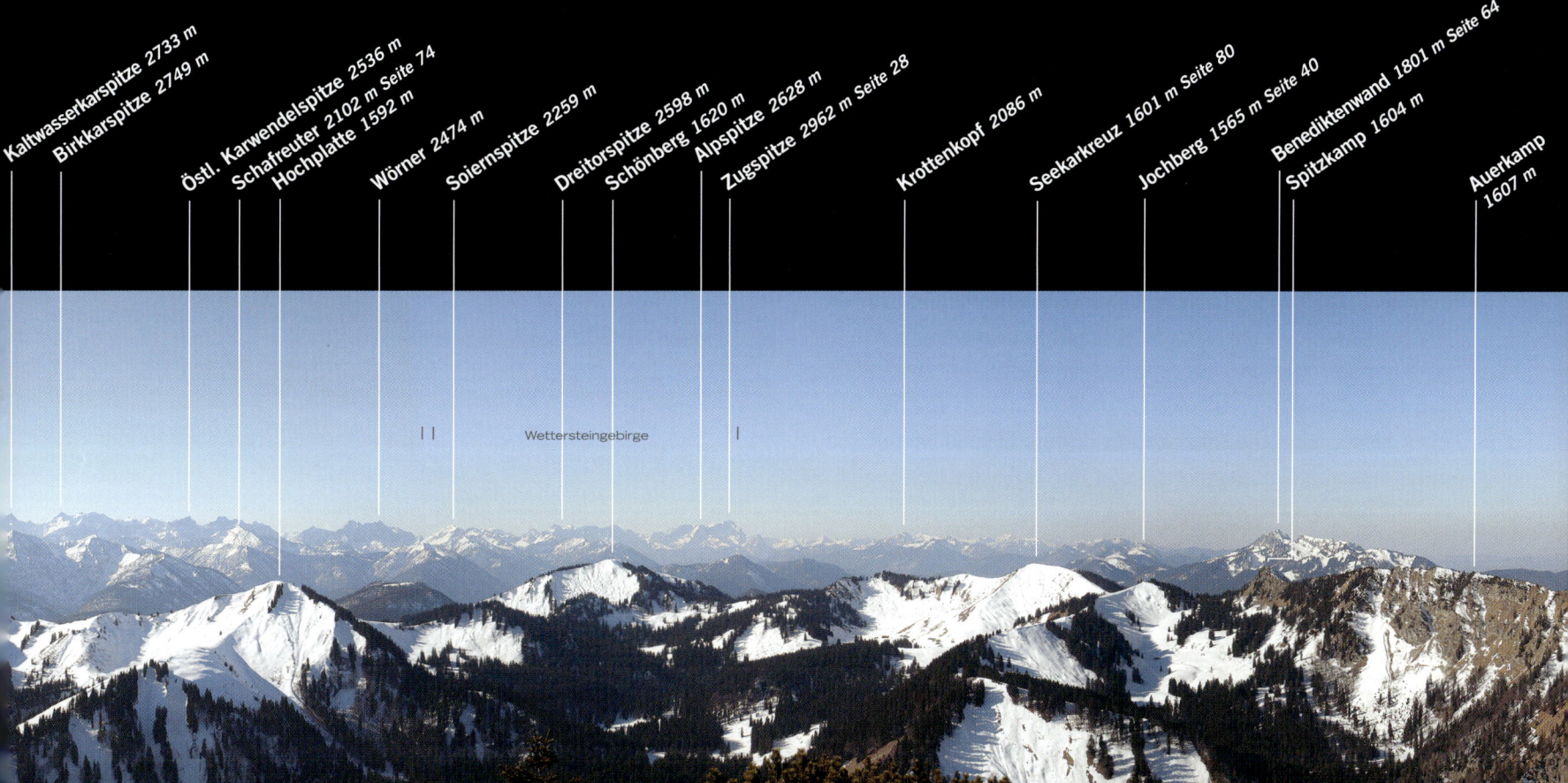

Kaltwasserkarspitze 2733 m
Birkkarspitze 2749 m
Östl. Karwendelspitze 2536 m
Schafreuter 2102 m Seite 74
Hochplatte 1592 m
Wörner 2474 m
Soiernspitze 2259 m
Dreitorspitze 2598 m
Schönberg 1620 m
Alpspitze 2628 m
Zugspitze 2962 m Seite 28
Krottenkopf 2086 m
Seekarkreuz 1601 m Seite 80
Jochberg 1565 m Seite 40
Benediktenwand 1801 m Seite 64
Spitzkamp 1604 m
Auerkamp 1607 m

Wettersteingebirge

Panorama pur am Blauberggrat

Der Blauberggrat hat den schönsten Panoramaweg dieses
Buches zu bieten. Zwischen Blaubergschneid (1787 m) und
Halserspitze (1862 m) erlebt der Wanderer auf der Sonnenseite des Berges mit Blick in den Süden einen Genussab-
schnitt zum Zunge schnalzen. Der Weg verläuft zwischen
Wärme speichernden Latschen, leichten Felspassagen und
einladenden Wiesen stets in Nähe der Gratkante und bietet
mehrere Orte zum Verweilen. Auf dem Karspitz (1800 m)
etwa zeigen sich die umliegenden Berge bereits wieder von
einer anderen Perspektive als von der Halserspitze.

*Forschen Schrittes
am Blauberggrat
mit der formschönen
Halserspitze
im Rücken*

Die große Blaubergrunde gehört zu den Wander-Klassikern
in den bayerischen Hausbergen. Obwohl man mit rund
sieben Stunden Gehzeit und knapp 1400 bewältigten Höhenmetern am Abend seine Knochen spürt, setzt sich an schönen
Herbsttagen ein wahrer Pilgerstrom in Bewegung. Grund genug
für uns, die Runde gegen den Strom im Uhrzeigersinn anzu-
gehen, auch wenn der im Oktober schattige, oft glitschige
Steig in die Wolfsschlucht im Abstieg volle Konzentration
erfordert. Wer nicht schwindelfrei und trittsicher ist, kann
den kleinen Umweg um den Schildenstein herum über das
Graseck wählen.

Guffert als beherrschende Berggestalt

Ohne für die „Umkehrrunde" werben zu wollen: Sie hat
auch den Vorteil, dass man beim Panorama-Hochgenuss am
Blaubergrat den Hauptgipfel bereits in der Tasche und die
Nachmittagssonne im Gesicht hat. Zudem erreicht man die
Halserspitze bedingt durch den rascheren Zustieg bei frühem
Aufbruch als einer der ersten. Panoramafreuden also ohne
großes Menschengetümmel: Während die Zillertaler Alpen
durch den mächtigen Guffert größtenteils verdeckt sind, zeigt
sich das Karwendelgebirge mit der charakteristischen Haupt-
kette eindrucksvoll. Großartig sind auch die Einblicke in das
Mangfallgebirge und nach Osten in Richtung Hohe Tauern.

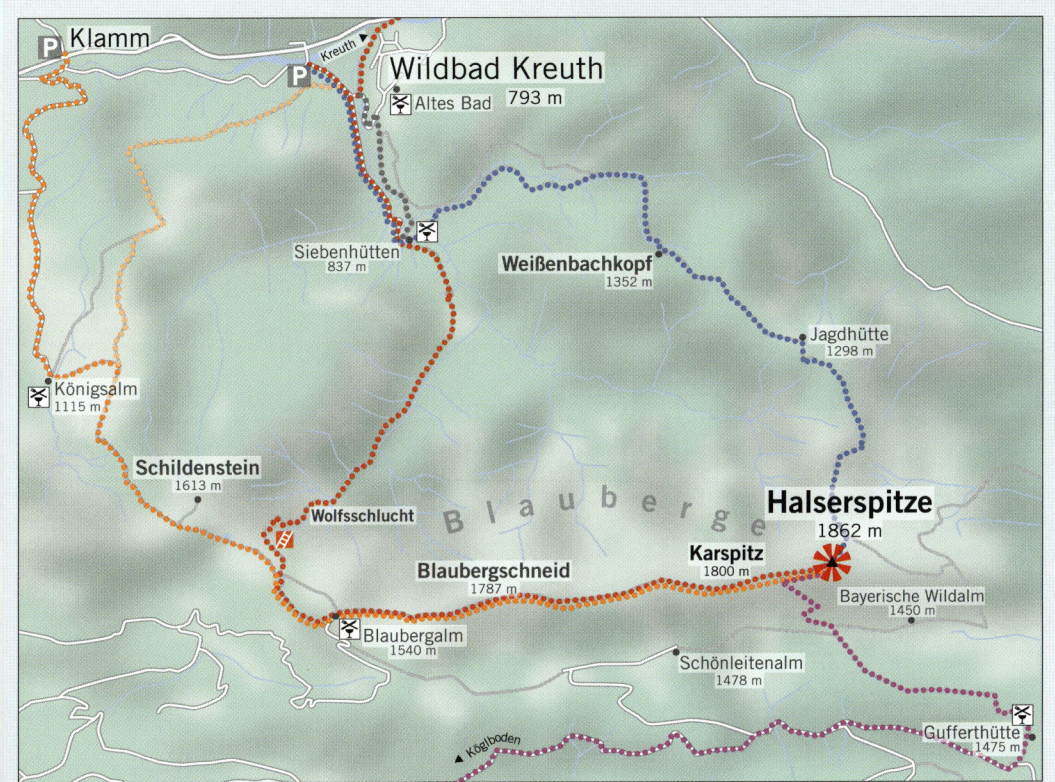

Klamm
P

Wildbad Kreuth
Altes Bad 793 m

Siebenhütten
837 m

Weißenbachkopf
1352 m

Jagdhütte
1298 m

Königsalm
1115 m

Schildenstein
1613 m

B l a u b e r g e

Wolfsschlucht

Halserspitze
1862 m

Karspitz
1800 m

Blaubergschneid
1787 m

Bayerische Wildalm
1450 m

Blaubergalm
1540 m

Schönleitenalm
1478 m

Köglboden

Gufferthütte
1475 m

Anfahrt

ÖVM Mit der BOB nach Tegernsee, dort in den RVO-Bus nach Wildbad Kreuth umsteigen

Auto Über Holzkirchen und Tegernsee nach Wildbad Kreuth zum großen Wanderparkplatz; Parkplätze auch 1 km weiter südlich und je nach Aufstieg Richtung Achensee

Gipfelanstiege

- Von Wildbad Kreuth an der Weißach zu den Siebenhütten, Aufstieg durch die Wolfsschlucht (nur für Geübte) zur Blaubergalm, von welcher der großartige Panoramaweg über den Blaubergrat zur Halserspitze erfolgt (4 1/2 Std., 1300 HM).

- Die Route ab Siebenhütten über den Weißenbachkopf (1200 HM, 3 1/4 Std.) wird im Rahmen einer Rundtour gerne als Abstieg genutzt.

- Ab Parkplatz Klamm (Achenseestraße) über die Königsalm am Schildenstein vorbei zum Blaubergrat (1350 HM, 5 Std.)

- Etwas kürzer ist der Weg vom Köglboden über Gufferthütte und Südflanke (1050 HM, 3 1/2 Std.).

Berghütten

- **Gufferthütte** (1475 m, DAV), Tel. 00 43 - 676 - 6 29 24 04, Mitte Mai bis Mitte Okt.

- **Blaubergalm** (1540 m), Tel. 00 43 - 664 - 2 30 67 19, Juni bis Ende Okt.

Benediktenwand 1801 m Seite 64

Brauneck 1555 m Seite 70

Schönberg 1620 m

Roßstein 1698 m

Buchstein 1701 m

Spitzkamp 1604 m

Leonhardstein 1452 m

Hirschberg 1670 m Seite 86

Tegernsee 725 m

Setzberg 1706 m Seite 96

Wallberg 1722 m

Risserkogel 1826 m

Bodenschneid 1669 m

Brechersr 1683 m

N

Veitsberg 1787 m

Birnhorn 2634 m

Kitzbüheler Horn 1996 m

Großes Wiesbachhorn 3564 m

Großglockner 3798 m

Großvenediger 3662 m

Hohe Tauern

Jägerkamp 1748 m
Aiplspitz 1759 m
Wendelstein 1838 m Seite 128
Hochmiesing 1883 m Seite 118
Rotwand 1884 m Seite 122
Großer Traithen 1852 m
Schinder 1808 m
Hinteres Sonnwendjoch 1986 m
Ellmauer Halt 2344 m
Veitsberg 1787 m
Birnhorn 2634 m
Kitzbüheler Horn 1996 m

O

Schneidjoch 1810 m
Guffert 2195 m Seite 102
Hochiss 2299 m Seite 108
Olperer 3478 m
Hirzer 2725 m
Vorderunnutz 2078 m
Hochunnutz 2075 m
Hinterunnutz 2007 m
Lamsenspitze 2508 m
Hochglück 2573 m
Grubenkarspitze 2663 m
Lalidererspitze 2582 m
Nördl. Sonnenspitze 2651 m
Kaltwasserkarspitze 2733 m
Birkkarspitze 2749 m
Fleischbank 2026 m
Wörner 2476 m
Juifen 1987 m
Schafreuter 2102 m Seite 74
Demeljoch 1923 m
Zugspitze 2962 m Seite 28
Wank 1779 m Seite 36
Schildenstein 1613 m
Hoher Zwiesler 1375 m
Heimgarten 1790 m

Rofangebirge

Karwendelgebirge

Ester-
gebirge

S

W

Reizvolles Sommer- und Winterziel

Die Felsnase des Leonhardstein (links) lugt soeben noch aus dem Nebelmeer; Buch- und Roßstein, Hochplatte, Seekarkreuz – welche von der Benediktenwand im Hintergrund überragt wird – und der zentrale Hirschberg haben etwas mehr „Luft".

Ein Einheimischer hat uns den Tipp gegeben, in der stillgelegten Sesselliftstation direkt unter dem Gipfel des Setzbergs zu nächtigen, um die Abend- und Morgenstimmung im Panorama zu erfassen. Leider ist dieses Quartier vor lauter Matsch und Kuhfladen nicht zugänglich, und nach kühler Nacht unter dem Sternenhimmel finden wir in der Früh zwischen den in Gipfelnähe dösenden Kühen nur mit Mühe einen brauchbaren Platz für unser Stativ. Doch im Anblick des magischen Sonnenaufgangs sind derlei Widrigkeiten rasch vom Winde verweht.

Tegernseer Gipfelschau

Der Setzberg bietet zu jeder Jahreszeit die Möglichkeit, sich die klassischen Tegernseer Gipfelziele einzuprägen. Im Westen ist der nahe Hirschberg im Blickfeld, hinter dem die Sonne im Herbst verschwindet; etwas dahinter der Fockenstein mit Kampen-Trio und Seekarkreuz. Hinter dem Kreuther Leonhardstein – Markenzeichen ist seine prägnante Felsnase – erkennt man den Buchstein, der seinen Zwillingsbruder Roßstein verdeckt; aus anderer Perspektive gleicht das Gipfelduo zwei Kamelhöckern. Im Süden ist der Risserkogel zum Greifen nahe, der von Setz- und Wallberg relativ rasch erklommen werden kann. Dahinter ragt der Guffert mit seiner imposanten Gestalt in die Höhe. Und am Ostufer des herrlich einsehbaren Tegernsees erspäht man die beliebten Wanderziele Neureuth und Riederstein.

Anfang September kommt die Sonne erst um sieben Uhr hinter den Gipfeln des Mangfallgebirges zum Vorschein. Erst dann können sich die fröstelnden Frühaufsteher langsam erwärmen. Nach einer klaren Nacht mit Blick auf das Lichtermeer am Tegernsee – ja sogar München leuchtete! – ist maximale Fernsicht angesagt: Bis sich jedoch die Felsmassive von Rofan, Karwendel und Wetterstein klar gegen den Himmel abzeichnen, vergeht nochmals eine Dreiviertelstunde. Zwischen Unnutz und Hochiss ist der berühmte Olperer von den fernen Zillertalern zu erkennen.

Anfahrt

ÖVM Mit der BOB nach Tegernsee, dort in den RVO-Bus zur Talstation Wallbergbahn umsteigen (Richtung Kreuth)

Auto Über Holzkirchen und Tegernsee zur Talstation Wallbergbahn bzw. zur Wallbergmoosalm (Maut)

Bergbahn

Wallbergbahn, Tel. 0 80 22 - 70 53 70, www.wallbergbahn.de

Gipfelanstiege

● Von der Talstation entweder über die Wallbergmoosalm oder direkt zum Wallberghaus, dort Abzweig zum Gipfel (2 1/2 Std., 930 HM)

● Von der Bergstation der Wallbergbahn kurzer Abstieg zum Wallberghaus und über die Nordflanke zum Gipfel (3/4 Std., 200 HM)

● Von Kreuth auf dem Forstweg bis zu einer Anhöhe, rechts auf dem Wurzelsteig zur Freisinger Hütte und am Abzweig Wallberghaus rechts zum Gipfel (3 Std., 950 HM)

● Man verlässt den Forstweg in Richtung Grubereck/Risserkogel und peilt den Gipfel von Süden an.

Berghütten

● **Wallberghaus** (1507 m), Tel. 0 80 22 - 62 88, ganzjährig außer Nov. bis Weihnachten

● **Wallbergmoosalm**, Tel. 0 80 22 - 56 38, täglich außer Di 10-17 Uhr, www.wallbergmoos-alm.de

● **Panoramarestaurant Wallberg**, Tel. 0 80 22 - 68 00, www.wallberg-restaurant.de

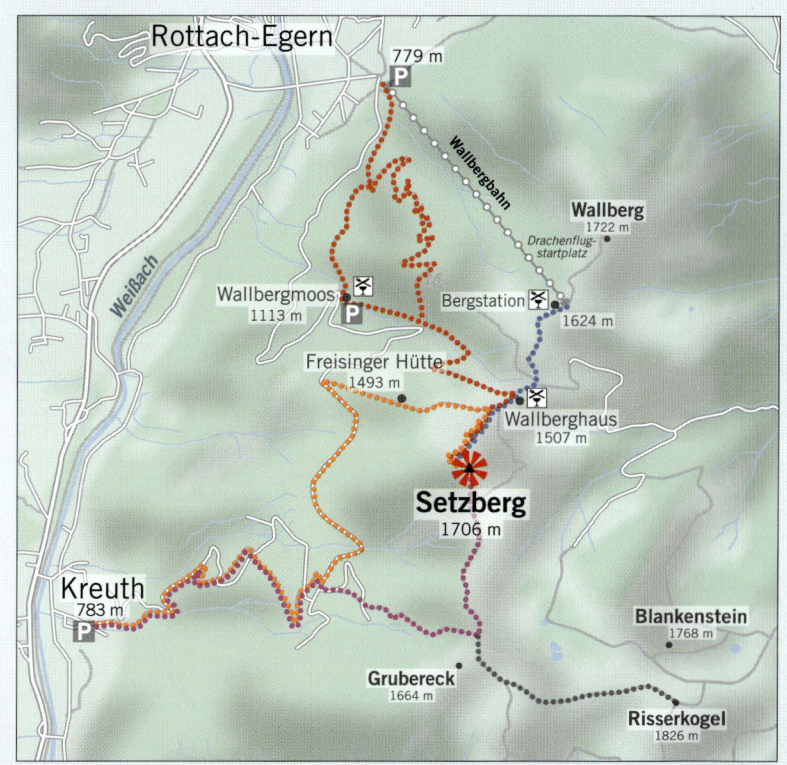

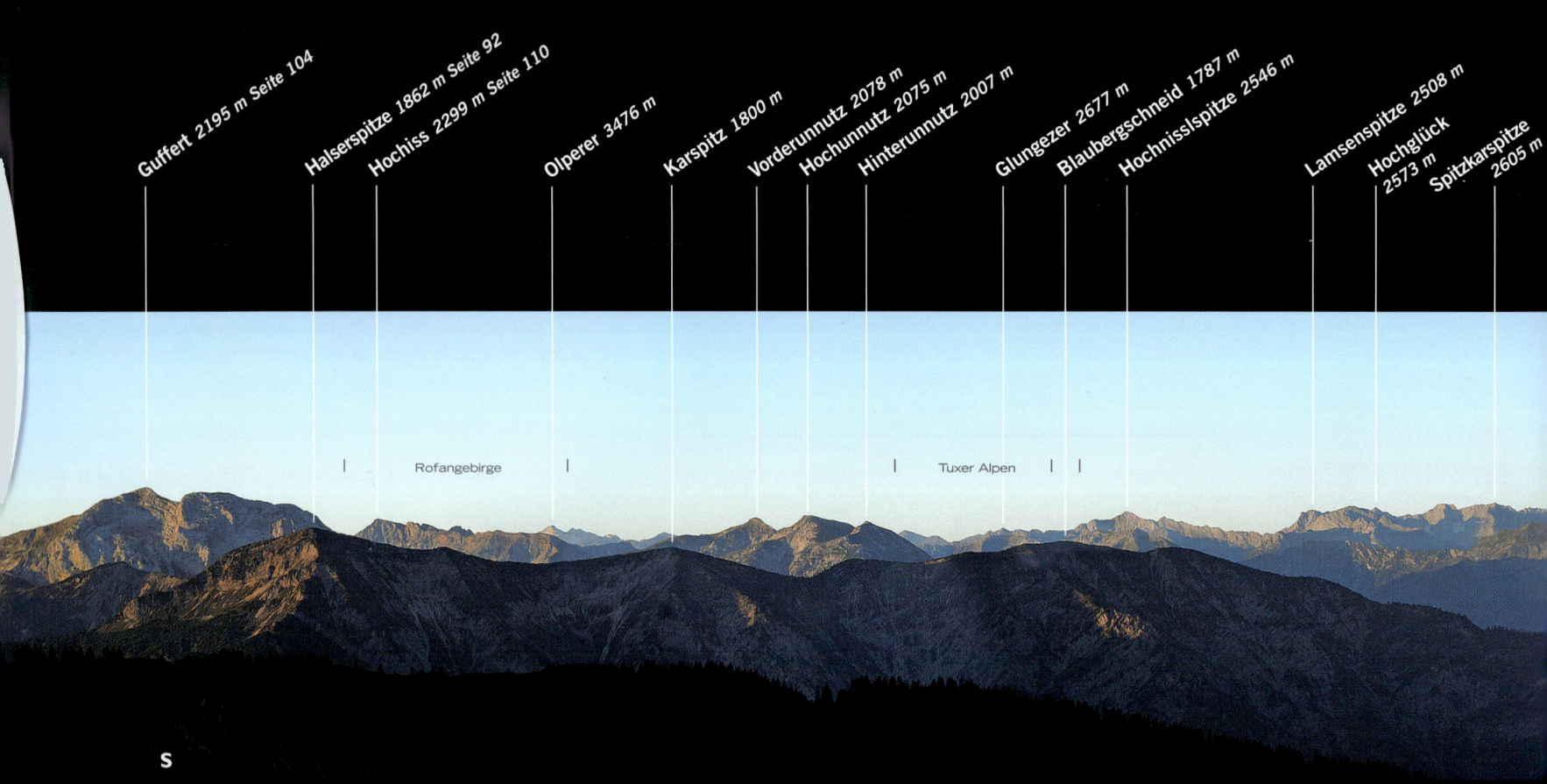

Guffert 2195 m Seite 104

Halserspitze 1862 m Seite 92

Hochiss 2299 m Seite 110

Olperer 3476 m

Karspitz 1800 m

Vorderunnutz 2078 m

Hochunnutz 2075 m

Hinterunnutz 2007 m

Glungezer 2677 m

Blaubergschneid 1787 m

Hochnisslspitze 2546 m

Lamsenspitze 2508 m

Hochglück 2573 m

Spitzkarspitze 2605 m

Rofangebirge

Tuxer Alpen

S

Guffert 2195 m Seite 104

Halserspitze 1862 m Seite 92

Hochiss 2299 m Seite 110

Hochunnutz 2075 m

Lamsenspitze 2508 m

S

Wer erkennt weitere Gipfel? Auflösung siehe Morgen-Panorama …

Schildenstein 1613 m

Juifen 1987 m

Schafreuter 2102 m Seite 74

Wörner 2476 m

Zugspitze 29
Seite 28

Großer Löffler 3376 m
Schwarzenstein 3368 m
Rofanspitze 2259 m
Seekarspitz 2261 m
Olperer 3476 m
Hochiss 2299 m Seite 108
Hirzer 2725 m
Stanser Joch 2102 m
Hochnisslspitze 2546 m
Lamsenspitze 2508 m
Seebergspitze 2085 m
Vorderunnutz 2078 m
Hochunnutz 2075 m
Kaltwasserkarspitze 2733 m
Birkkarspitze 2749 m
Hinterunnutz 2007 m
Östl. Karwendelspitze 2536 m

Rofangebirge

Karwendelgebirge

S

Benediktenwand 1801 m
Seite 64
Brauneck 1555 m
Seite 70
Zwiesel 1348 m Seite 60
Schönberg 1620 m
Roßstein 1698 m
Buchstein 1701 m
Ochsenkamp 1594 m
Hirschberg 1670 m
Seite 86
Schildenstein 1613 m
Karspitz 180
Tegerns

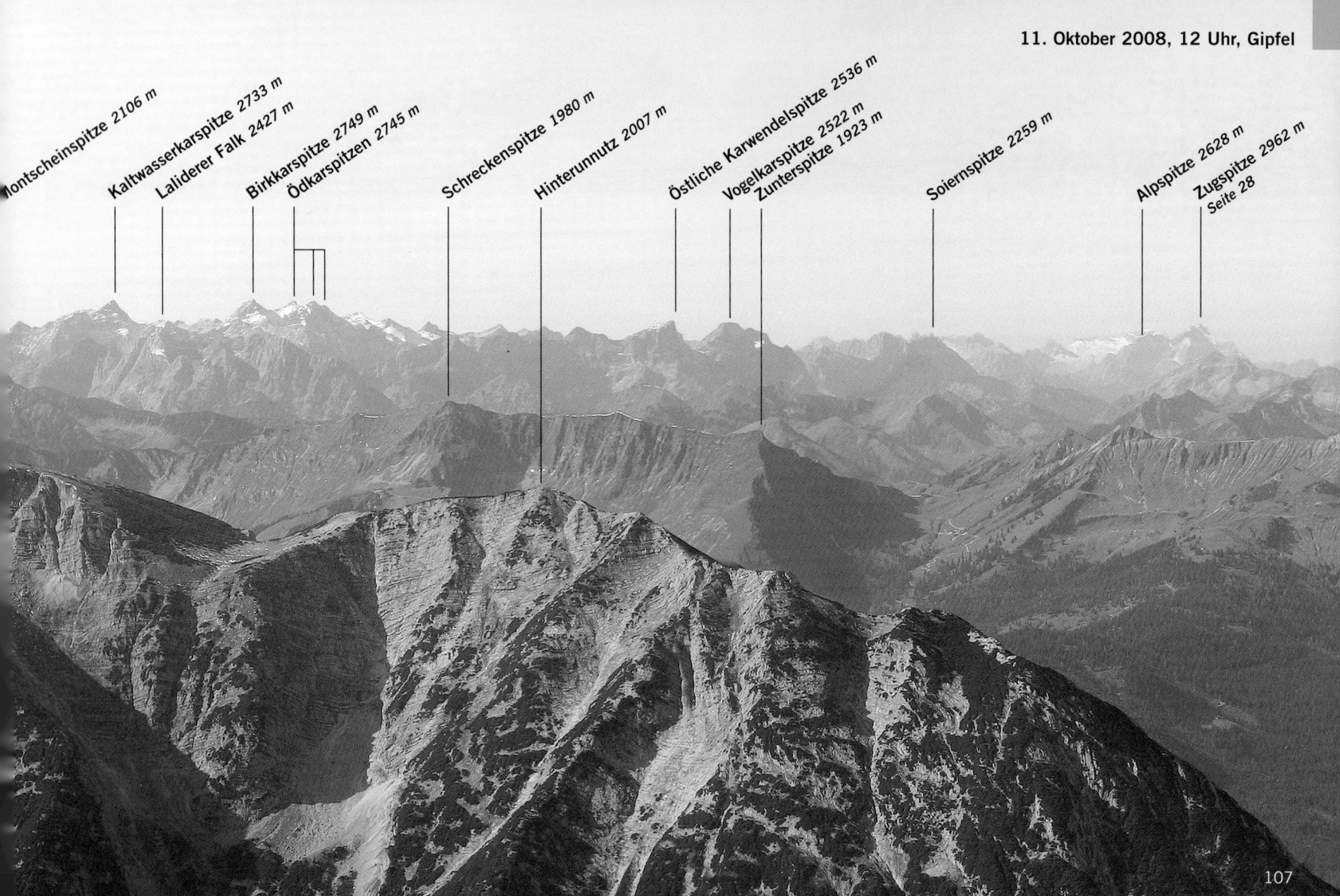

Montscheinspitze 2106 m
Kaltwasserkarspitze 2733 m
Laliderer Falk 2427 m
Birkkarspitze 2749 m
Ödkarspitzen 2745 m
Schreckenspitze 1980 m
Hinterunnutz 2007 m
Östliche Karwendelspitze 2536 m
Vogelkarspitze 2522 m
Zunterspitze 1923 m
Soiernspitze 2259 m
Alpspitze 2628 m
Zugspitze 2962 m
Seite 28

Hochnisslspitze 2546 m
Habicht 3277 m
Wilder Freiger 3410 m
Zuckerhütl 3507 m
Lamsenspitze 2508 m
Sonnjoch 2457 m
Seebergspitze 2085 m
Seekarspitze 2053 m
Vorderunnutz 2078 m
Dreizinkenspitze 2603 m
Gamsjoch 2452 m
Sonnenspitze 2668
Hochunn
2075 m

„Private" Aussichtskanzel am Gipfel in Richtung Zahmer und Wilder Kaiser (rechte Bildhälfte); etwas vorgelagert links das Hintere Sonnwendjoch, das Trainsjoch und der Veitsberg

Auto Über Bad Tölz und Sylvensteinspeicher oder das Tegernseer Tal Richtung Achensee, Abzweig in Leiten Richtung Steinberg, Parkplatz am Köglboden (Anstieg über Gufferthütte), an der Bergalm und am Gasthof Waldhaus in Steinberg (gebührenpflichtig)

Gipfelanstiege

● Von Vordersteinberg über die Südflanke und den Ostgrat: Nach angenehmer Waldpassage führt der Steig durch den steilen Latschenhang zum breiten Gipfelrücken. Weiter über eine begrünte Anhöhe zum teilweise luftigen Grat. Kurze Kletterpassagen, die Schwindelfreiheit und Trittsicherheit erfordern (3 Std., 1200 HM). Die Variante über den Guffertstein ist etwas länger.

● Vom Köglboden durch das Filzmoosbachtal zur Gufferthütte, über das Schneidjoch zur Issalm und durch die steile Nordseite (nur mit alpiner Erfahrung) zum Gipfelgrat (1550 HM, 5 1/4 Std.).

● Von der Bergalm entlang der Westflanke und Nordseite bis zum Abzweig Nordanstieg nahe der Issalm und wie von der Gufferthütte zum Gipfel (1200 HM, 4 Std.).

Berghütte

• **Gufferthütte** (1475 m, DAV), Tel. 00 43 - 676 - 6 29 24 04, Mitte Mai bis Mitte Okt.

Dominante Berggestalt

Der Guffert ist ein echter Eigenbrötler: Als ob er keine Nachbarn dulden würde, erhebt er sich mit seiner dominanten Berggestalt kühn zwischen den ein gutes Stück entfernten Blaubergen und Achensee-Gipfeln. Aus geologischer Sicht zählt er zum Rofangebirge, doch häufig taucht sein Name auch in Kombination mit den Brandenberger Alpen auf. Einigkeit besteht darin, dass der Wanderer von seinem formschönen Gipfel eine überragende Aussicht genießt.

Schlussanstieg am Guffert mit einzelnen Kraxelstellen

Genau genommen besteht der Guffert aus dem Doppelgipfel Guffertspitze und Guffertstein. Letzterer ist um gut 200 Meter tiefer und breitet sich über dem großen Latschenkessel mit der Schmiedtquelle aus. Von Norden weist das Gipfelduo seine typisch markante Form auf, die sich selbst dem Laien rasch einprägt und bei späteren Gipfelbestimmungen die Orientierung erleichtert. Bei der Anfahrt von der Achensee-Bundesstraße hingegen hat der ein oder andere Wanderer den Berg bereits etwas übertrieben mit dem Matterhorn verglichen.

Endlos viele Bergketten

Der Guffert ist nicht nur einer der schönsten Berge weit und breit, er bietet auch eines der besten Panoramen. Bei klarer Sicht erscheinen der Hohe Tenn, Großglockner und Großvenediger zum Greifen nah. Im Osten sind Hochkönig, Großer Hundstod und Birnhorn die auffälligsten Berggestalten. Großartig ist auch der Blick in die Zillertaler Alpen, die hinter dem Rofan auftauchen. Im Norden breitet sich das Mangfallgebirge aus: Brauneck, Benediktenwand, Seekarkreuz, Halserspitze, Setzberg, Rotwand und Trainsjoch sind alle in diesem Buch vertreten. Als Orientierungspunkt dient der Tegernsee.

Hochgenuss im Herbst

Am schönsten ist die Besteigung des Gufferts vielleicht im „Goldenen Oktober", wenn sich das Herbstlaub in bunten Farben präsentiert, der Südanstieg durch den steilen Latschenhang von der Hitze her erträglich und die Chance auf gute Fernsicht am höchsten ist. Der Gipfelaufbau der Guffertspitze ist terrassiert, nach steilen Felspassagen mit kurzen Kraxeleinlagen folgen flache Wiesenabschnitte, auf denen man selbst bei großem Andrang sein ruhiges Plätzchen findet.

Buchstein 1701 m

Benediktenwand 1801 m Seite 64

Hirschberg 1670 m Seite 86

W

Zugspitze 2962 m Seite 28 · Schafreuter 2102 m Seite 74 · Hochplatte 1815 m · Juifen 1987 m · Demeljoch 1923 m · Hohe Kisten 1922 m · Heimgarten 1788 m · Jochberg 1565 m Seite 40 · Rabenkopf 1555 m · Benediktenwand 1801 m Seite 64 · Brauneck 1555 m Seite 70

W

Halserspitze 1862 m Seite 92 · Setzberg 1706 m Seite 96 · Wallberg 1722 m · Risserkogel 1826 m · Bodenschneid 1669 m · Brecherspitz 1683 m · Jägerkamp 1748 m · Aiplspitz 1759 m · Schinder 1808 m · Rotwand 1884 m Seite 122 · Wendelstein 1838 m Seite 128 · Großer Traithen 1852 m · Hinteres Sonnwendjoch 1986 m · Trainsjoch 1707 m Seite 132 · Veitsberg 1787 m

N

Zwei benachbarte Aussichtsberge

Dreimal waren wir bereits im Herbst bei bestem Bergwetter auf dem Hochiss gestanden: Talnebel über Achensee und Inntal, wolkenloser Himmel in der Höhe mit grandioser Fernsicht. Schade nur, dass wir jeweils die Chance auf ein vollendetes Panoramafoto verstreichen ließen. Beim vierten Anlauf kroch dann der Talnebel in Windeseile die Berghänge hinauf und hüllte die umliegenden Gipfel in dichte Schwaden. Dennoch reichte es gerade noch für eine stimmungsvolle Rundumsicht, auch wenn man markante Gipfelnachbarn wie Guffert oder Unnütz nur noch erahnen konnte.

Für diese Neuauflage haben wir nun die benachbarte Haidachstellwand bestiegen, um den unverwechselbaren Charakter des Rofangebirges in aller Klarheit darzustellen. Der Berg ist zwar etwas tiefer als sein prominenter Nachbar, der Rundumblick aber nicht minder interessant.

Weitblick in den Südosten

Da man von beiden Gipfeln über das tiefere Ebner Joch hinwegsehen kann, ist der Blick nach Süden in Richtung Zillertaler Alpen so gut wie unversperrt. Der Hauptkamm mit Hochfeiler und Großer Möseler ist ebenso auszumachen wie der markante Schwarzenstein und die Ahornspitze. Im Osten erkennt man hinter dem Wilden Kaiser die Loferer Steinberge und die Berchtesgadener Alpen, weiter südlich die Kitzbüheler Alpen und Gipfelgrößen wie Hoher Tenn, Wiesbachhorn – vom Standort rund 80 Kilometer Luftlinie entfernt! – ,Großglockner und Großvenediger. Die Gipfel des Rofans wiederum zeigen beeindruckende Kontraste: Steil abfallende Felswände im Norden und sanfte Wiesenmatten auf der Sonnenseite. Im Westen bildet das Karwendelgebirge eine markante Kulisse.

Abflug vom Gschöllkopf

Wer das Panorama aus der Perspektive des Adlers erleben will, ist hingegen am Gschöllkopf besser aufgehoben: Per Sky-glider überwindet man auf 650 Meter Länge die 200 Höhen-meter vom Gipfel – auf dem übrigens eine Panoramatafel steht – bis zur Bergstation der Rofan-Seilbahn. Bei aufkommendem Nebel muss man jedoch auf das kleine Abenteuer verzichten.

Kaiserblick (Zahmer Kaiser mit Pyramidenspitze; Wilder Kaiser mit Ellmauer Halt und Ackerlspitze) an einem milden Novembertag. Im Osten reicht der Blick außerdem bis zu Loferer und Leonganger Steinberge, Watzmann, Steinernes Meer (Großer Hundstod) und Hochkönig.

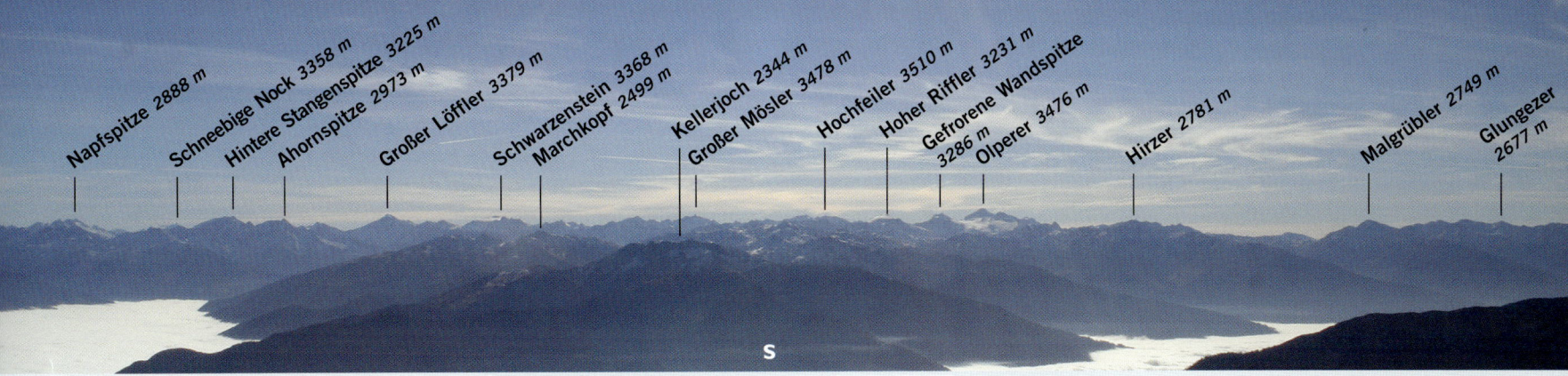

Napfspitze 2888 m — Schneebige Nock 3358 m — Hintere Stangenspitze 3225 m — Ahornspitze 2973 m — Großer Löffler 3379 m — Schwarzenstein 3368 m — Marchkopf 2499 m — Kellerjoch 2344 m — Großer Mösler 3478 m — Hochfeiler 3510 m — Hoher Riffler 3231 m — Gefrorene Wandspitze 3286 m — Olperer 3476 m — Hirzer 2781 m — Malgrübler 2749 m — Glungezer 2677 m

S

Anfahrt

ÖVM Mit der BOB nach Tegernsee, Weiterfahrt mit dem RVO-Bus 9550 nach Maurach (täglich nur zwei Verbindungen)

Auto Über Bad Tölz und Sylvensteinspeicher oder das Tegernseer Tal an den Achensee. Parkplatz in Maurach-Rofangarten und an der Talstation der Rofan-Seilbahn

Bergbahn

Rofanseilbahn, Tel. 00 43 - 52 43 - 52 92, www.rofanseilbahn.at (Sondertarif für AV-Mitglieder)

Berghütte

- **Erfurter Hütte** (1834 m),
  Tel. 00 43 - 52 43 - 55 17, 26. Dez. bis Mitte März und Pfingstfreitag bis Mitte Okt.

- Weitere Einkehren: **Berggasthof Rofan, Mauritzalm, Dalfazalm**

Gipfelanstiege

- ● Von der Bergstation der Rofan-Seilbahn über den nur im oberen Abschnitt steilen Südhang (1 1/2 Std., 450 HM)

- ● Ohne technische Aufstiegshilfe ist man von Maurach gut 2 Std. und 860 HM länger unterwegs.

- ● Landschaftlich noch reizvoller ist der Steig von Rofangarten über Dalfazalm und Streichkopf (Drahtseilsicherungen, 1400 HM, 4 Std.)

- ● Für die Besteigung der Haidachstellwand zweigt etwas oberhalb der Bergstation rechts ein markierter Steig ab. Eine kurze Klettersteigpassage im Gipfelaufbau (Stifte und Drahtseile), daher nur für Geübte (1 1/2 Std.)!

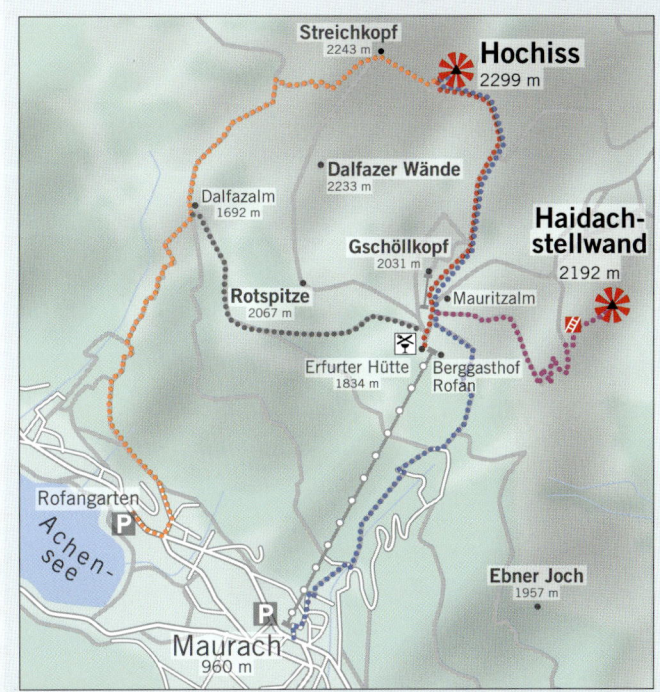

111

Malgrübler 2749 m
Glungezer 2677 m
Rotspitze 2067 m
Habicht 3277 m
Stanser Joch 2102 m
Bärenkopf 1991 m
Hochnisslspitze 2546 m
Rauher Knöll 2277 m
Großer Bettelwurf 2725 m
Lamsenspitze 2508 m
Eiskarlspitze 2510 m
Spitzkarsp
2606 m

Sonnjoch 2457 m

Bettlerkarspitze 2268 m

Birkkarspitze 2749 m

Steinfalk 2347 m

Kompar 2010 m

Montscheinspitze 2106 m

Seebergspitze 2085 m

Streichkopf 2243 m

W

113

Olperer
3476 m

Hippoldspitze
2642 m Seite 154

Hirzer
2781 m

Malgrübler
2749 m

Glungezer
2677 m

Zuckerhütl
3507 m

Ruderhofspitze
3474 m

Hochnisslspitze
2546 m

Großer Bettelwurf
2726

Dalfazer Roßkopf
2143 m

Schafreuter
2102 m Seite 74

Steinriegen
Mannl

Dalfazer Joch
2233 m

Hochiss
/ 2299 m Seite 110

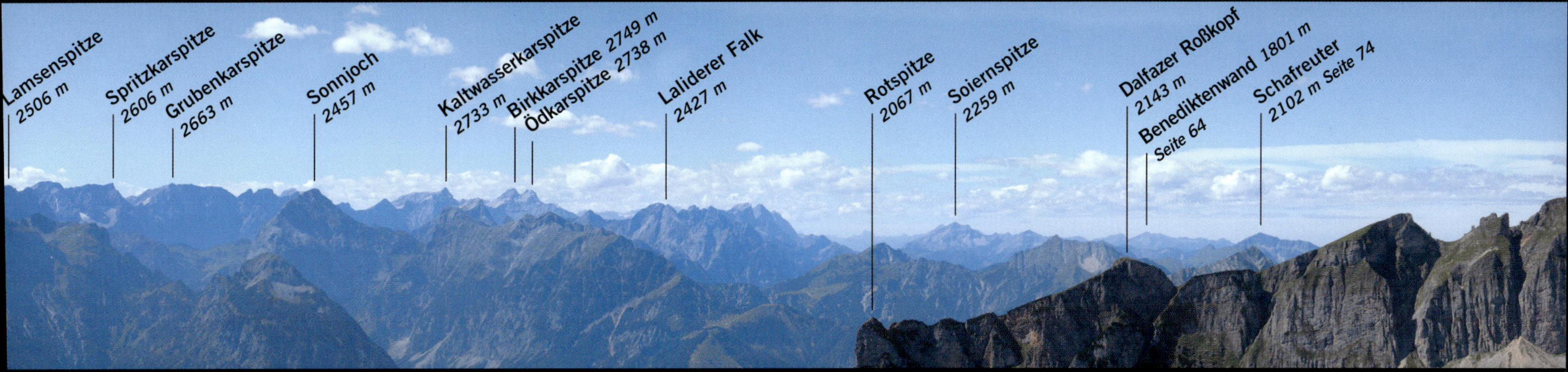

Lamsenspitze
2506 m

Spritzkarspitze
2606 m

Grubenkarspitze
2663 m

Sonnjoch
2457 m

Kaltwasserkarspitze
2733 m

Birkkarspitze 2749 m

Ödkarspitze 2738 m

Laliderer Falk
2427 m

Rotspitze
2067 m

Soiernspitze
2259 m

Dalfazer Roßkopf
2143 m

Benediktenwand 1801 m
Seite 64

Schafreuter
2102 m Seite 74

Spieljoch
2236 m

Seekarspitze
2261 m

Rossköpfe
2261 m

Rofanspitze
2259 m

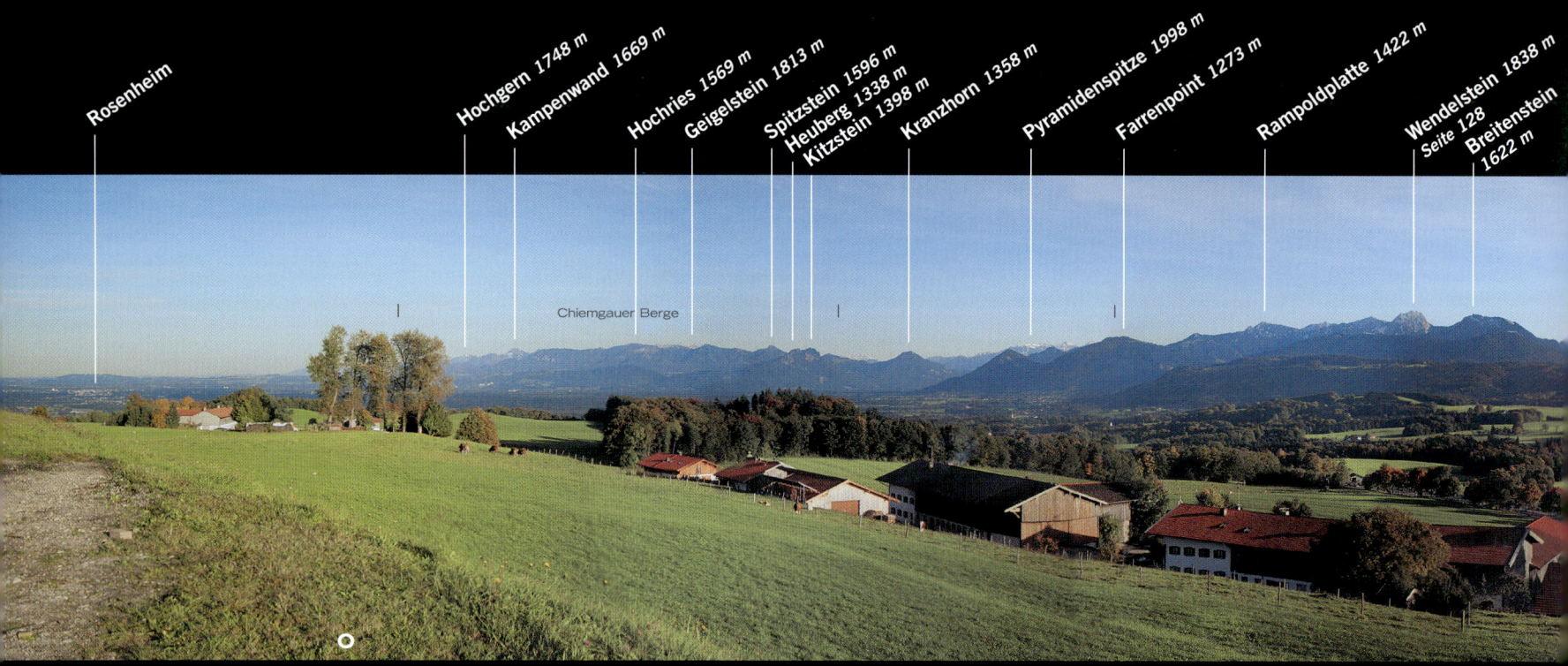

Rosenheim

Hochgern 1748 m
Kampenwand 1669 m
Hochries 1569 m
Geigelstein 1813 m
Spitzstein 1596 m
Heuberg 1338 m
Kitzstein 1398 m
Kranzhorn 1358 m
Pyramidenspitze 1998 m
Farrenpoint 1273 m
Rampoldplatte 1422 m
Wendelstein 1838 m
Seite 128
Breitenstein 1622 m

Chiemgauer Berge

Anfahrt

Auto A 8 Ausfahrt Irschenberg und wahlweise nach Irschenberg oder Wilparting

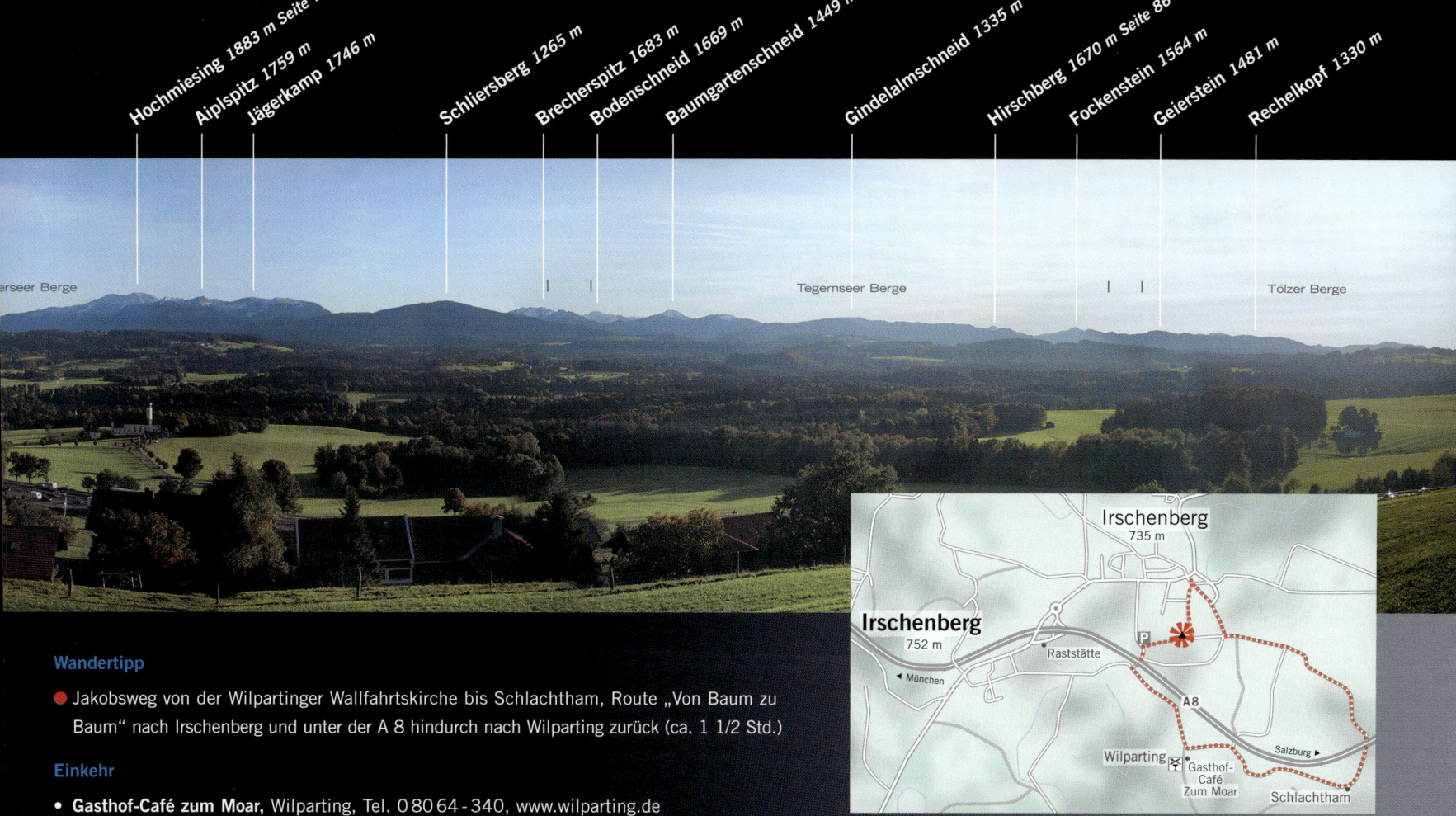

Hochmiesing 1883 m Seite 118
Aiplspitz 1759 m
Jägerkamp 1746 m
Schliersberg 1265 m
Brecherspitz 1683 m
Bodenschneid 1669 m
Baumgartenschneid 1449 m
Gindelalmschneid 1335 m
Hirschberg 1670 m Seite 86
Fockenstein 1564 m
Geierstein 1481 m
Rechelkopf 1330 m

...erseer Berge

Tegernseer Berge

Tölzer Berge

Irschenberg
735 m

Irschenberg
752 m

◄ München

Raststätte

P

A8

Salzburg ►

Wilparting

Gasthof-
Café
Zum Moar

Schlachtham

Wandertipp

🔴 Jakobsweg von der Wilpartinger Wallfahrtskirche bis Schlachtham, Route „Von Baum zu Baum" nach Irschenberg und unter der A 8 hindurch nach Wilparting zurück (ca. 1 1/2 Std.)

Einkehr

• **Gasthof-Café zum Moar,** Wilparting, Tel. 0 80 64 - 340, www.wilparting.de

117

Am Hochmiesing fühlt sich auch der Deutsche Fransenenzian wohl.

Späte Ehrerweisung

Im Gegensatz zur rege frequentierten Rotwand fristet der benachbarte Hochmiesing in der Gunst der Gipfelstürmer ein bescheidenes Mauerblümchen-Dasein. An der um einen einzigen Meter geringeren Höhe kann diese Ignoranz kaum liegen, eher an der fehlenden Hütte am Fuß des Gipfels, die den Sonnenuntergangs-Romantikern auch eine Besteigung zu fortgeschrittener Stunde erlaubt. Der Ausblick ist fast ebenbürtig, denn vom Hochmiesing kann man über die südlich gelegene Rotwand soeben noch in Richtung Rofangebirge hinweg sehen.

Und wer an der Großtiefental-Alm gar sein Bike stehen hat, kann auch bis zum frühen Abend am Gipfel verweilen – mit dem großen Vorteil, dass man sich die Bergwelt zu dieser Zeit oft alleine mit den emsig um die Wette sprießenden Enzianen teilt! In rund einer halben Stunde erreicht man vom Gipfel das Bike-Depot, löscht an der Alm mit einem kühlen Getränk seinen Durst und erreicht in rasanter Abfahrt vom Soinsee in Windeseile Geitau.

Breiter Gipfel, weiter Blick

Zugegeben, auch wir haben den Hochmiesing viele Jahre lang nicht jene Ehre erwiesen, die er zweifelsfrei verdient. Erst nach sechs Rotwand-Besteigungen war es soweit! Dabei ist der etwas unförmig wirkende Berg gerade in Kombination mit Biken und Baden im Soinsee ein faszinierendes Erlebnis. Sein breiter Südhang ist größtenteils von Latschen bedeckt und somit auch im Spätherbst dank des Sonnenwärmespeichers noch angenehm temperiert. Und der weitläufige Gipfel ist so breit, dass man hier problemlos Frisbee spielen könnte.

Das Panorama ist klasse: Im Norden baut sich der nahe Wendelstein über dem Leitzachtal auf, dann schwenkt der Blick über die Chiemsee-Ebene mit den Chiemgauer Bergen über Loferer Steinberge und Berchtesgadener Land in Richtung Kaisergebirge. Weiter südlich schließen sich die Kitzbüheler Alpen und – an den Gletschern leicht zu erkennen – die Hohen Tauern an: Die stolze Pyramide des Großvenedigers kommt hier sogar noch besser zur Geltung als von der Rotwand! Gleiches gilt für den markanten Olperer, der die Zillertaler Kette im Westen abschließt. Und auch Karwendel- und Wettersteingebirge sind in Sonnenuntergangs-Richtung deutlich auszumachen …

Anfahrt

ÖVM Mit der Bayerischen Oberlandbahn (BOB) nach Fischhausen-Neuhaus und mit dem RVO-Bus zum Spitzingsee oder BOB nach Geitau (Anstieg über den Soinsee)

Auto A 8 Ausfahrt Weyarn, B 307 über Schliersee Richtung Bayrischzell, Abzweig rechts zum Spitzingsee, Parkplatz an der Taubensteinbahn oder im Ort; alternativ B 307 bis Geitau, durch den Ortskern und südlich des Segelflugplatzes parken

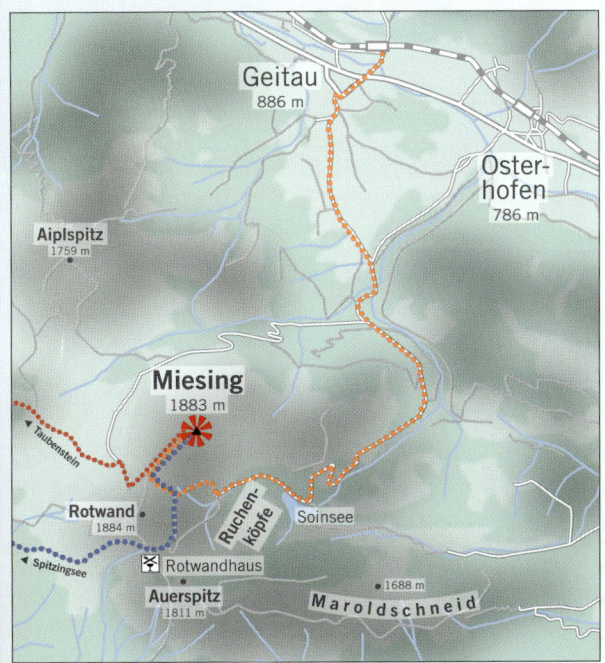

Der Soinsee liegt idyllisch am Fuß von Ruchenköpfe (links) und Hochmiesing (rechts).

Gipfelanstiege

● Von der Bergstation des Taubensteins Querung zum Taubensteinhaus, kurzer Abstieg (ca. 100 HM) zur Kleintiefental-Alm, hoch zum Miesingsattel und links durch den sonnigen Latschenhang zum Gipfel (1 ¼ Std., 450 HM; bei Aufstieg vom Spitzingsee 2 ½ Std., 880 HM).

● Am Südende des Spitzingsees auf dem Fahrweg zum Rotwandhaus und auf markierten Steig nordwärts nach kurzem Abstieg zu Miesingsattel und Gipfel (3 ½ Std., 900 HM).

● Von Geitau auf dem Fahrweg über den Soinsee zur Großtiefental-Alm, weiter auf gutem Steig über den Miesingsattel zum Gipfel (4 ½ Std. ab Bahnhof, 4 Std. ab Parkplatz, 1100 HM)

Berghütten

• **Taubensteinhaus** (1556 m, DAV), Tel. 0 80 26 - 70 70, ganzjährig außer Nov. und 3 Wochen zwischen Ostern und Pfingsten, www.taubensteinhaus.de
• **Rotwandhaus** (1737 m, DAV), Tel. 0 80 26 - 76 83, ganzjährig, www.rotwandhaus.de

Schönfeldjoch 1747 m

Großvenediger 3662 m

Großer Geiger 3360 m

Dreiherrnspitze 3499 m

Reichenspitze 3303 m

Krenspitze 1972 m

Auerspitz 1811 m

Hinteres Sonnwendjoch 1986 m

Großer Löffler 3376 m

Hohe Tauern

S

Hochfeiler 3510 m

Olperer 3476 m

Vorderes Sonnwendjoch 2224 m

Rofanspitze 2259 m

Hochiss 2299 m Seite 110

Rotwand 1884 m Seite 122

Hochnisslspitze 2546 m

Guffert 2195 m Seite 104

Österr. Schinder 1808 m

Bayer. Schinder 1796 m

Rofangebirge

König der Vorgebirgsgipfel

Die Rotwand zählt dank des fulminanten Panoramas zu den beliebtesten Münchner Hausbergen. An sonnigen Wochenenden ziehen wahre Pilgerströme zum 1884 Meter hohen Gipfel. Nur zwanzig Wanderminuten entfernt liegt das ganzjährig geöffnete Rotwandhaus auf einem Geländevorsprung. Die mit dem Umweltsiegel des Deutschen Alpenvereins ausgezeichnete Hütte weist neben einer Solar- und Windradanlage auch eine biologische Kläranlage auf. Wer hier übernachtet, kann auf einen unvergesslichen Sonnenauf- oder -untergang hoffen.

Abstieg auf der sonnigen Südseite vom Gipfel zum Rotwandhaus

D och selbst bei Tagestouren kann man getrost die schöne Abendstimmung abwarten, sofern man den bequemen Fahrweg als Abstieg zum Spitzingsee wählt und die aufkommende Dunkelheit somit kein ernstes Problem darstellt. Im Abendlicht erlebt man das eindrucksvolle Panorama dann ganz in Ruhe, da das Gros der Bergwanderer den beliebten Aussichtsgipfel längst verlassen hat. Im Winter ist das Licht besonders schön, dann färbt sich der Himmel bei Sonnenuntergang in fast kitschigen orangeroten Farben. Unvergessen bleibt das Abendrot an Heiligabend vor einigen Jahren, als nach 16 Uhr niemand mehr auf den Beinen war.

Panoramatafel am Gipfel

Je höher und einsamer ein Gipfel steht, desto besser ist der Panoramablick. Diese Faustregel trifft auch auf die Rotwand zu. Gipfelnachbarn wie Wendelstein und Breitenstein im Norden, Großer Traithen und Brünnstein im Osten oder Baumgartenschneid und Wallberg im Westen schränken den Fernblick kaum ein – die Rotwand darf sich als König des Mangfallgebirges fühlen. Und das Hintere Sonnwendjoch im Süden ist mit 1972 Metern zwar etwas höher, verhindert allenfalls aber den Anblick einiger weniger Gipfel des Gletscherpanoramas der Zentralalpen. Wie beliebt das Thema Gipfelbestimmung ist, zeigt der rege Andrang an Wanderern an der direkt am Gipfel installierten Panoramatafel.

Anfahrt

ÖVM Mit der BOB nach Fischhausen-Neuhaus, dort in den RVO-Bus zum Spitzingsee umsteigen; für den Anstieg von Westen mit der BOB nach Bayrischzell und mit dem RVO-Bus bis zur Haltestelle „Sillberghaus"

Auto A 8 Ausfahrt Weyarn, B 307 über Schliersee zum Spitzingsee; alternativ nach Bayrischzell und gute 3 km in das Ursprungtal (Parkplatz am „Schweren Gatter")

Bergbahn

Taubensteinbahn, Tel. 0 80 26 - 70 71

Gipfelanstiege

● Von der Taubenstein-Bergstation schöner Höhenweg zum Gipfelstock und den Südhang querend empor (1 1/4 Std., 300 HM).

● Am Südende des Spitzingsees beginnt der Fahrweg zu Rotwandhaus und Gipfel (2 1/2 Std., 800 HM).

● Deutlich länger und einsamer ist der Weg vom „Schweren Gatter" über Sillberghaus, Wirthsalm und Rotwandhaus (gute 4 Std., 1000 HM; Abstiegsvariante über den Soinsee)

Berghütten

• **Rotwandhaus** (1737 m, DAV), Tel. 0 80 26 - 76 83, ganzjährig, www.rotwandhaus.de
• **Schönfeldhütte** (1410 m, DAV), Tel. -7 12 64, ganzjährig außer Mitte Nov. bis Mitte Dez., www.schoenfeldhuette.de
• **Taubensteinhaus** (1556 m, DAV), Tel. - 70 70, ganzjährig außer Nov. und 3 Wochen zwischen Ostern und Pfingsten, www.taubensteinhaus.de
• **Sillberghaus** (1030 m), Tel. 0 80 23- 533, ganzjährig Fr.–So., www.sillberghaus.de

Weitwanderweg

Via Alpina zwischen Spitzingsee und Ursprungtal

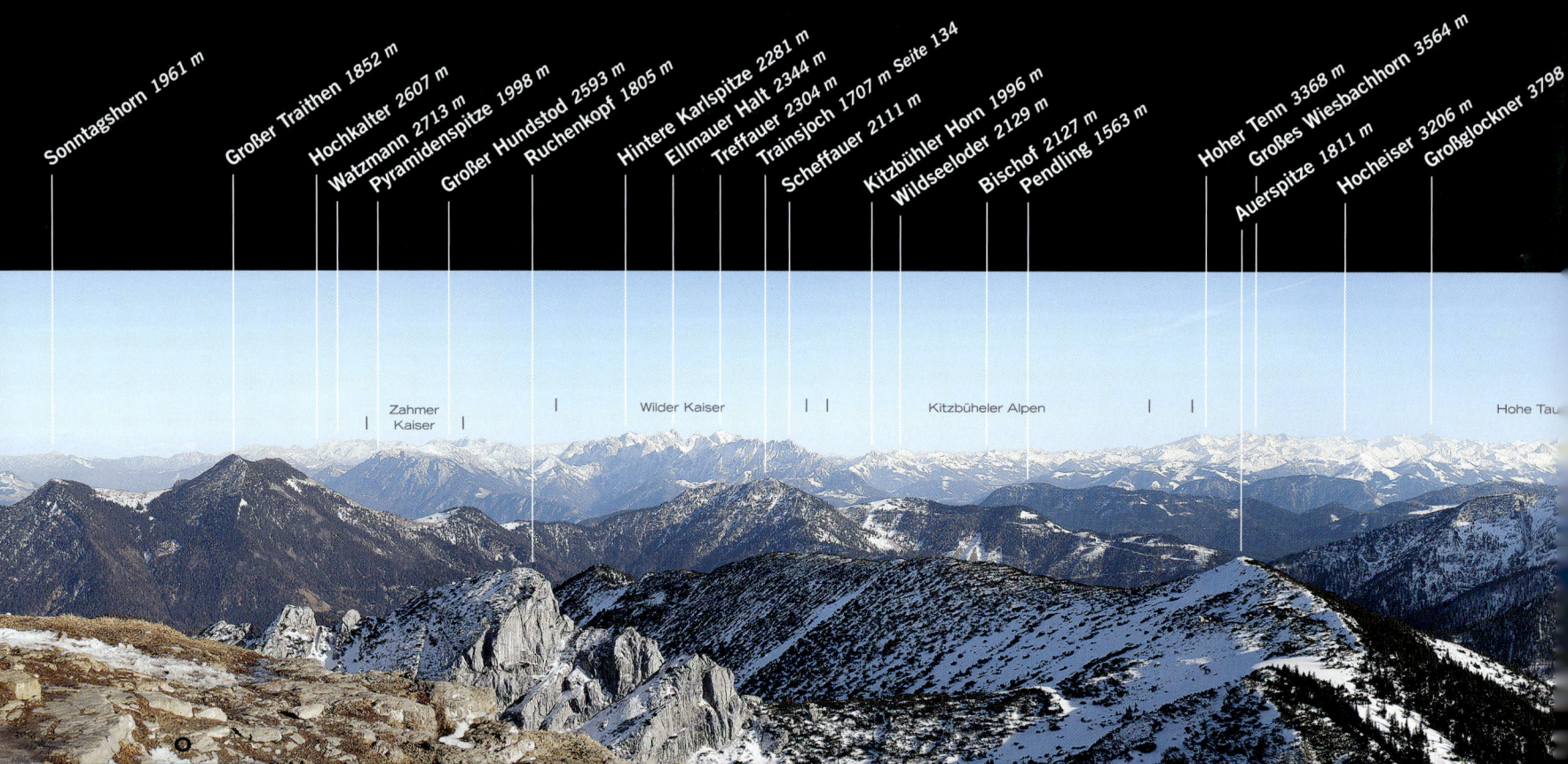

Sonntagshorn 1961 m
Großer Traithen 1852 m
Hochkalter 2607 m
Watzmann 2713 m
Pyramidenspitze 1998 m
Großer Hundstod 2593 m
Ruchenkopf 1805 m
Hintere Karlspitze 2281 m
Ellmauer Halt 2344 m
Treffauer 2304 m
Trainsjoch 1707 m Seite 134
Scheffauer 2111 m
Kitzbühler Horn 1996 m
Wildseeloder 2129 m
Bischof 2127 m
Pendling 1563 m
Hoher Tenn 3368 m
Großes Wiesbachhorn 3564 m
Auerspitze 1811 m
Hocheiser 3206 m
Großglockner 3798

Zahmer Kaiser
Wilder Kaiser
Kitzbüheler Alpen
Hohe Tau

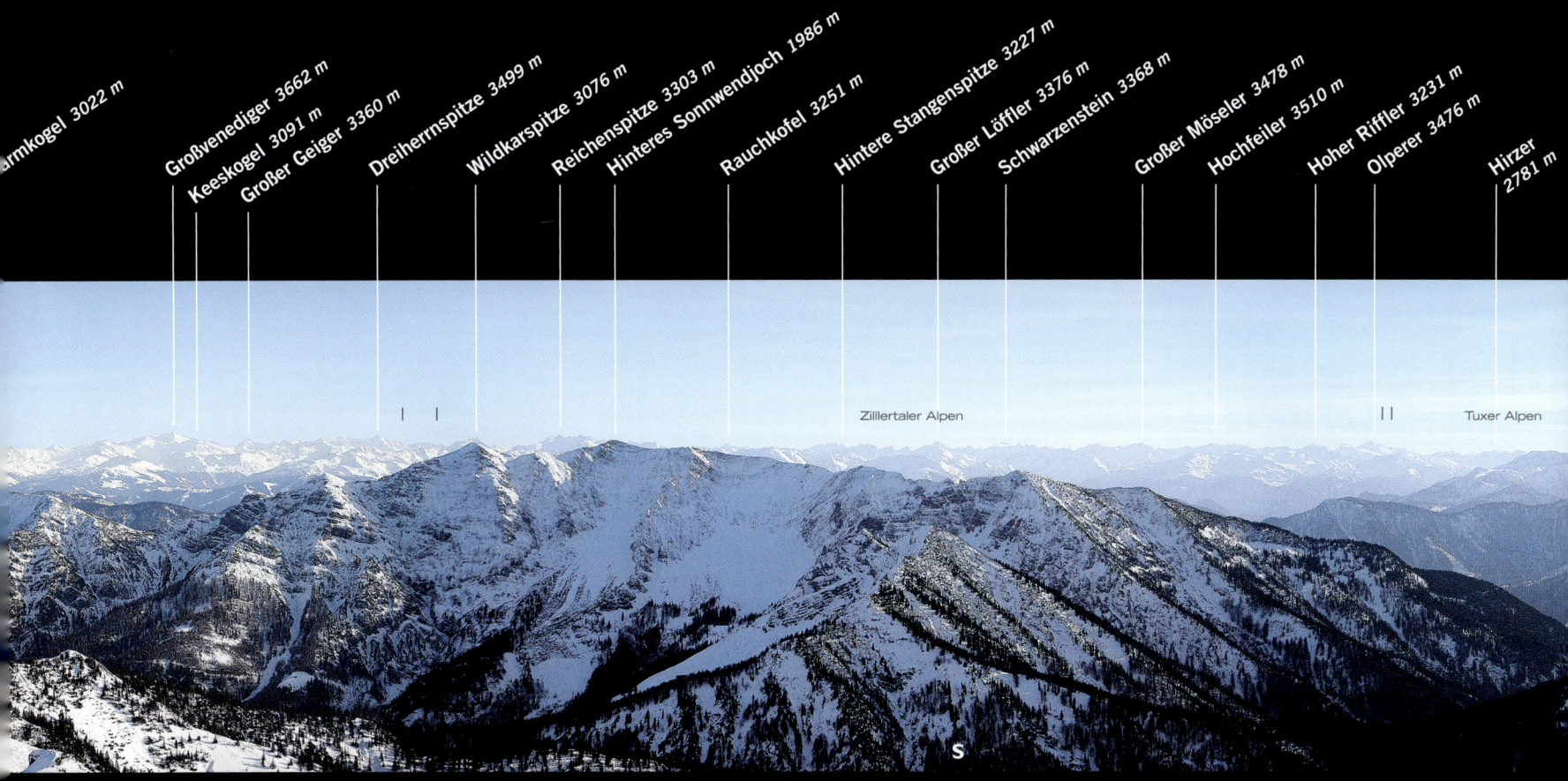

rmkogel 3022 m
Großvenediger 3662 m
Keeskogel 3091 m
Großer Geiger 3360 m
Dreiherrnspitze 3499 m
Wildkarspitze 3076 m
Reichenspitze 3303 m
Hinteres Sonnwendjoch 1986 m
Rauchkofel 3251 m
Hintere Stangenspitze 3227 m
Großer Löffler 3376 m
Schwarzenstein 3368 m
Großer Möseler 3478 m
Hochfeiler 3510 m
Hoher Riffler 3231 m
Olperer 3476 m
Hirzer 2781 m

Zillertaler Alpen

Tuxer Alpen

S

→

125

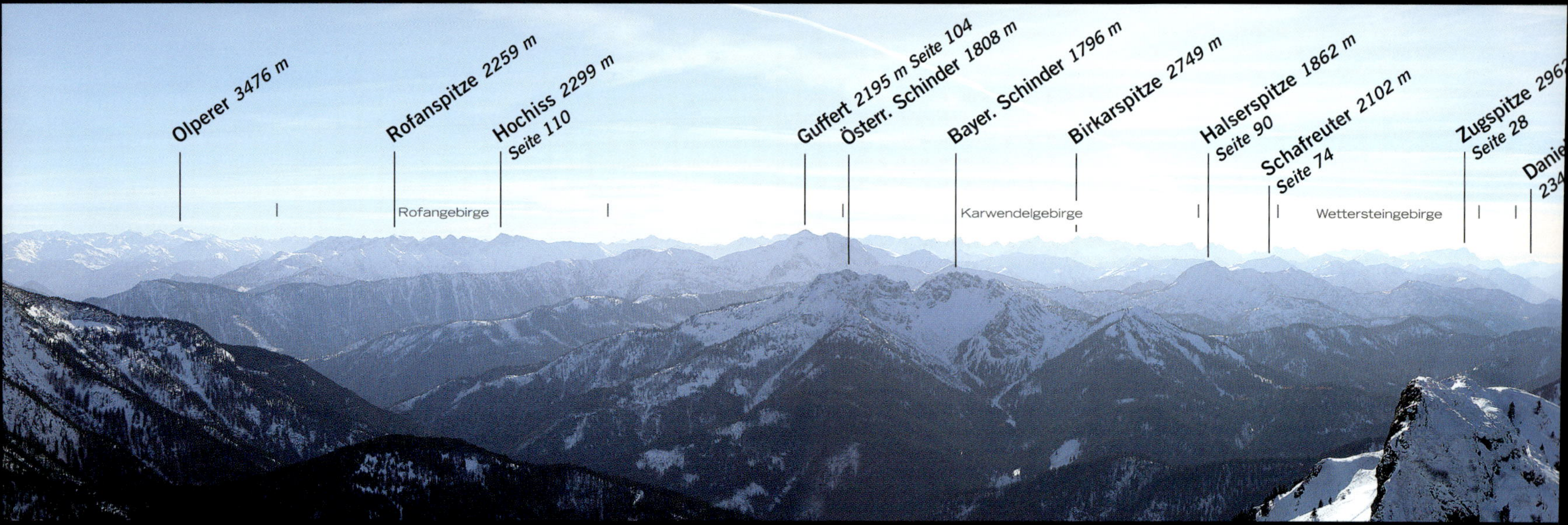

Olperer 3476 m

Rofanspitze 2259 m

Hochiss 2299 m
Seite 110

Rofangebirge

Guffert 2195 m Seite 104
Österr. Schinder 1808 m

Bayer. Schinder 1796 m

Birkarspitze 2749 m

Halserspitze 1862 m
Seite 90

Schafreuter 2102 m
Seite 74

Zugspitze 2962
Seite 28

Daniel
2340

Karwendelgebirge

Wettersteingebirge

Bodenschneid
1669 m

Lampersberg
1817 m

Brecherspitz
1683 m

Jägerkamp
1748 m

Benzingspitz
1735 m

Risserkogel 1826 m
Blankenstein 1768 m
Herzogstand 1731 m
Setzberg 1706 m Seite 96
Benediktenwand 1801 m
Seite 64
Hirschberg 1670 m Seite 86
Wallberg 1722 m
Bodenschneid 1669 m
Lampersberg 1817 m
Brecherspitz 1683 m

W

Aiplspitz 1759 m

Hochmiesing 1883 m Seite 118

Wendelstein 1838 m Seite 128

Wandern im Geo-Park

Die rotweiße Antenne des Bayerischen Rundfunks prägt den Wendelstein ebenso wie die weiße Kuppel der Universitäts-Sternwarte. Zusammen mit der Wetterstation und den beiden Aussichtsterrassen ist der auch für Laien aus allen Lagen leicht erkennbare Gipfel ziemlich ausgefüllt. Wer sich vor der Besteigung von guten Panoramabedingungen überzeugen will, findet im Internet eine aussagekräftige Webcam.

Gipfelrundweg am Wendelstein. Der Höhleneingang befindet sich an der Station der Zahnradbahn.

O der man erkundigt sich an der Talstation der Seilbahn nach den aktuellen Sichtverhältnissen. „100 Kilometer Fernsicht", schwärmt die Bedienstete am Tag unserer Besteigung. Zwar wären maximal 125 Kilometer möglich, aber man darf nicht allzu wählerisch sein. Bei unserem ersten Versuch Ende Juli waren es morgens 75 Kilometer, bevor sich die Sicht im Mittagsdunst erheblich reduzierte.

Am Gipfel- und Panoramaweg

Die meisten Besucher gönnen sich den Luxus der Bergbahn, um den Wendelstein zu erklimmen. Von der Bergstation führt ein inklusive Tunnel großzügig in den Fels geschlagener, mit Geländern gesicherter Steig zum Gipfel. Das bisschen Eigenleistung bringt so manchen ungeübten Zeitgenossen an den Rand der Erschöpfung. Zur Belohnung wartet auf der

Gipfelterrasse ein fulminanter Ausblick auf die Allgäuer Alpen, das Wetterstein-, Karwendel- und Rofangebirge, die Zillertaler, den Wilden und Zahmen Kaiser sowie die Chiemgauer und Leonganger Steinberge.

Abstecher in die Höhle

Nach der Gipfelschau ist der Gipfel-Rundweg Pflicht: Er führt an der Nordseite um den Wendelstein herum und endet an der eindrucksvollen Höhle, die mit einem 13 Meter hohen „Dom" und einem dank der so genannten Kältefalle ganzjährigen Eisfeld aufwarten kann. Unterwegs erfährt der Wanderer auf dem Geo-Lehrpfad Hintergründiges unter anderem zu den geologischen Gegebenheiten. Unsere marokkanischen Begleiter jedenfalls waren begeistert.

Schweinsberg
1511 m

Wirtsalm
Jenbachtal

Mitteralm
Brannenburg ▶

Wendelstein Zahnradbahn

Wendelstein
1838 m

Spitzingscheibe
1270 m

Wendelsteinhaus

Wendelsteinbahn

Wendel-
steinalm
1508 m

Siglhof

Oster-
hofen
791 m

▼ Schliersee

Hochkreut

Sudelfeld

Bayrischzell
800 m

*Zahnradbahn
im Kommen*

Bergbahn

Wendelsteinbahn, Tel. 0 80 34 - 30 80,
www.wendelsteinbahn.de

Gipfelanstiege

● Von der Seilbahn-Bergstation, die von der Zahnradbahn-Station in wenigen Minuten erreicht ist, führt ein bestens gesicherter Felssteig zum Gipfel (20 Min., 110 HM); sehr lohnend in Kombination mit dem Gipfel-Rundweg (plus 40 Min., 130 HM).

● Von Bayrischzell über Wendelsteinalm und Bergstation empor (3 Std.,1000 HM)

● Von Hochkreut über sonnige, teils steile Südhänge zur Wendelsteinalm, und wie oben zum Gipfel

● Kürzer ist der Anstieg vom Parkplatz im Sudelfeld (2 3/4 Std., 720 HM).

● Vom Parkplatz Jenbachtal (Bad Feilnbach) auf dem Geo-Parkweg zum nördlichen Gipfelaufbau und durch die Nordflanke empor (2 3/4 Std., 1000 HM).

Berghütten und Einkehren

• **Wendelsteinhaus** Tel. 0 80 23 - 404 • **Wendelsteinalm** Tel. - 1571, www.wendelsteinalm.de
• **Bergcafé Siglhof** Tel. - 679, www.siglhof.com • **Wirts-Alm** Tel. 0 80 66 - 431 • **Mitteralm** Tel. 0 80 34 - 27 60, www.mitteralm-wendelstein.de

Fernwanderweg

Der Maximiliansweg (E 4) quert zwischen Großbrannenberg und Birkenstein an der Nordseite des Berges.

Anfahrt

ÖVM Mit der BOB nach Osterhofen oder DB über Rosenheim nach Brannenburg

Auto A 8 Ausfahrt Weyarn und B 307 über Schliersee zum großen Parkplatz an der Talstation der Wendelsteinbahn, nach Hochkreut (Abzweig Osterhofen), Bayrischzell oder Sudelfeld. Mögliche Ausgangsorte sind auch Bad Feilnbach und Brannenburg (jeweils Ausfahrt A 8).

Hochries 1569 m
Kampenwand 1669 m
Hochfelln 1674 m
Hochgern 1748 m
Rauschberg 1645 m
Geigelstein 1813 m
Sonntagshorn 1961 m
Dürnbachhorn 1778 m
Hoher Göll 2522 m
Hochkalter 2607 m
Watzmann 2714 m
Wildbarren 1448 m
Großer Hundstod 2593 m
Birnhorn 2634 m
Pyramidenspitze 1998 m
Ackerlspitze 2329 m
Ellmauer Halt 2344 m
Treffauer 2304 m
Scheffauer 2111 m
Brünnstein 1634 m

Chiemgauer Berge

Berchtesgadener
Alpen

Zahmer Kaiser

Wilder Kaiser

Pendling 1563 m

Untersberger Joch 1828 m

Speckalm 1408 m

Großer Traithen 1852 m

Reichenspitze 3303 m

Hundsalmjoch 1637 m

Napfspitze 3147 m

Larchberg 1412 m

Hintere Stangenspitze 3225 m

Großer Löffler 3376 m

Rastkogel 2762 m

Olperer 3476 m

Hinteres Sonnwenjoch 1986 m

Rofanspitze 2259 m

Hochiss 2299 m Seite 110

Hochnisslspitze 2546 m

Lamsenspitze 2508 m

Guffert 2195 m Seite 104

Hochmiesing 1883 m Seite 118

Sonnenspitze 2668 m

Halserspitze 1862 m Seite 92

Zillertaler Alpen   *Tuxer Alpen*   *Rofangebirge*   *Karwendelgebirge*

S

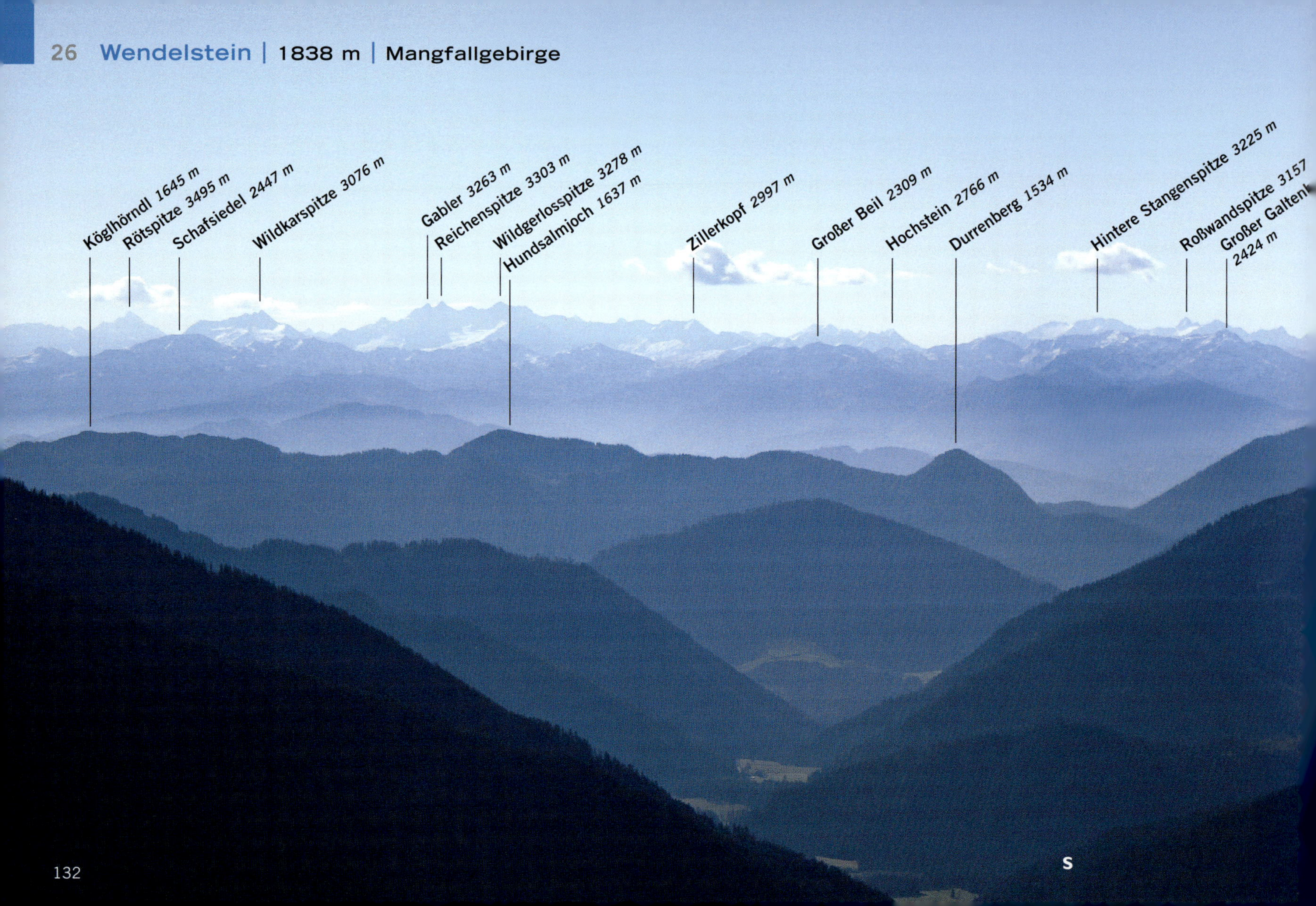

Köglhörndl 1645 m

Rötspitze 3495 m

Schafsiedel 2447 m

Wildkarspitze 3076 m

Gabler 3263 m

Reichenspitze 3303 m

Wildgerlosspitze 3278 m

Hundsalmjoch 1637 m

Zillerkopf 2997 m

Großer Beil 2309 m

Hochstein 2766 m

Durrenberg 1534 m

Hintere Stangenspitze 3225 m

Roßwandspitze 3157

Großer Galten
2424 m

S

...er Löffler 3376 m

Ahornspitze 2976 m

Schwarzenstein 3368 m

Turnerkamp 3418 m

Großer Möseler 3478 m

Hoher Weißzint 3371 m

Hochfeiler 3510 m

Hochferner 3463 m

Realspitze 3039 m

Hoher Riffler 3231 m

Gefrorene Wandspitze 3286 m

Olperer 3476 m

Hinteres Sonnwendjoch 1986 m

Freier Blick in Richtung Gletscher

Trotz seiner geringen Höhe ist das Trainsjoch ein exzellenter Aussichtsberg. Vor allem Richtung Inntal öffnet sich mangels höherer Nachbarn ein famoses Gletscherpanorama: In Ost-West-Richtung Glocknermassiv, Venedigergruppe, Zillertaler- und Stubaier Alpen, die mit Habicht und Zuckerhütl gerade noch „vertreten" sind. Großartig ist auch der Blick auf das schroffe Kaisergebirge.

Rundweg von der Mariandlalm

Wegweiser für Wanderoptionen mit Blickrichtung Inntal und Chiemgau (Hochries, Heuberg, Spitzstein, Kampenwand, Geigelstein). Im Vordergrund der Brünnstein mit seiner kleinen Südwand

Das Trainsjoch verwöhnt nicht nur mit dem weiten Ausblick, sondern auch mit kurzweiligen Gipfelanstiegen. Die meisten Wanderer bevorzugen die abwechslungsreiche Route über die Mariandlalm. Im unteren Abschnitt zieht ein Fahrweg entlang des sprudelnden Trockenbachs in die Höhe, dann geht es auf schönem Steig über Almwiesen zur Hütte. Bevor man sich dort den beliebten Kaiserschmarrn oder die deftige Speckknödelsuppe einverleibt, wird der Gipfel erklommen.

Von der Mariandlalm führen zwei Anstiege zum Gipfel, sodass sich eine Rundtour geradezu anbietet. Steiler und somit für den Aufstieg eher zu empfehlen ist die Variante über den Westgrat. Um den Grat zu erreichen, steigt man die südlichen Grashänge mit Blick auf Hinteres Sonnwendjoch und Rotwandmassiv empor. Nach kurzer Waldquerung folgt eine Steilstufe mit leicht ausgesetzten Passagen. Im Winter kann es hier bei Vereisung etwas unangenehm werden. Vom

Gipfel steigt man schließlich mit Blick auf das herrliche Panorama ein Stück weit nach Süden ab und quert dann auf dem bequemen Steig zur Mariandlalm zurück.

Grandiose Gipfelschau

Bei klarer Sicht erfreut man sich am Anblick von Hohe Tenn, Wiesbachhorn, Großglockner, Großvenediger, Hoher Geiger, Dreiherrnspitze, Großer Möseler, Hochfeiler und Zuckerhütl, um nur die bekanntesten Gletscherberge zu nennen. Mit Blickrichtung Thiersee zeichnet sich auch der Wilde Kaiser sehr schön gegen den Himmel ab. Bekannte Chiemgauer Berggrößen wie Hochries, Kampenwand und Geigelstein sind im Osten auszumachen. Direkt im Norden zeigt der benachbarte Große Traithen seine ganze Bandbreite. Im Westen lugt zwischen Rotwand und Schinder der Risserkogel als markanteste Gestalt der Tegernseer Berge hervor. Der bekannte Wendelstein ist zwar nur rund zehn Kilometer Luftlinie vom Trainsjoch entfernt, versteckt sich aber hinter dem Hochmiesing.

Beim Aufstieg durch das Trockenbachtal zeigt sich der Guffert. Links von der dominanten Berggestalt: Thalerjoch, Veitsberg, Hochiss, Rofanspitze und Vorderes Sonnwendjoch

Anfahrt

ÖVM Mit der BOB nach Bayrischzell, dort in den RVO-Bus Richtung Thiersee/Kufstein umsteigen (Halt am Ursprungpass)

Auto A 8 Ausfahrt Weyarn, B 307 über Schliersee und Bayrischzell Richtung Thiersee (Parkplatz 1 km nach dem Pass)

Gipfelanstiege

● Vom Ursprungpass zur Mariandlalm, von dort wahlweise über die Südflanke des Berges oder über den Westgrat (2 1/2 Std., 900 HM)

● Vom Nesseltal durch die schattige Nordflanke zum Gipfelgrat und auf diesem empor (ca. 3 Std., 900 HM)

● Etwas eintöniger ist der Anstieg von Südosten ab Gasthof Sonnberg über die Trainsalm (2 1/2 Std.).

Berghütten

- **Mariandlalm** (1250 m), Tel. 0043-664-3504417, ganzjährig, www.mariandlalm.at
- **Trainsalm** (1310 m), Tel. 0043-5376-5979

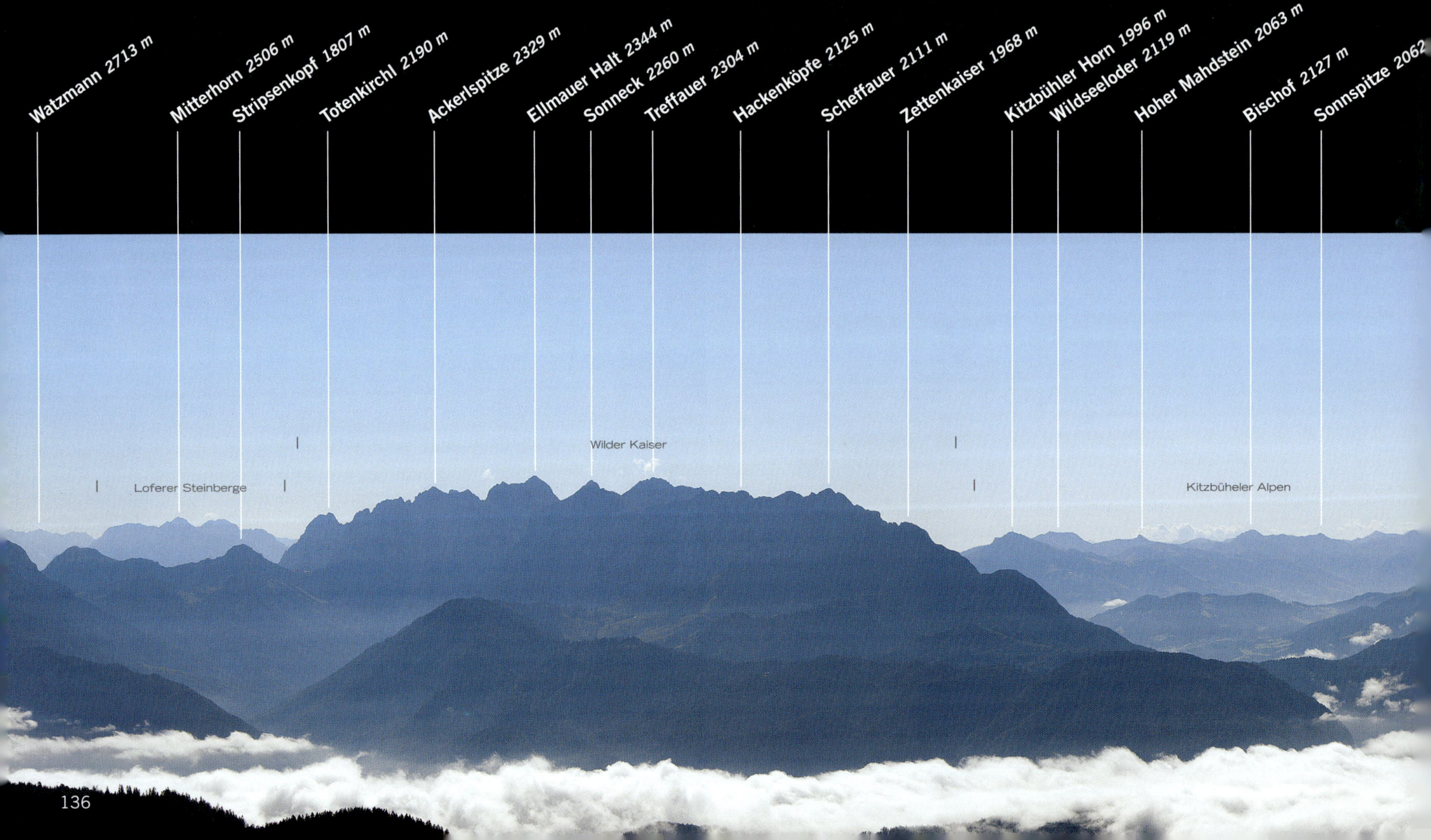

Watzmann 2713 m

Mitterhorn 2506 m

Stripsenkopf 1807 m

Totenkirchl 2190 m

Ackerlspitze 2329 m

Ellmauer Halt 2344 m

Sonneck 2260 m

Treffauer 2304 m

Hackenköpfe 2125 m

Scheffauer 2111 m

Zettenkaiser 1968 m

Kitzbühler Horn 1996 m

Wildseeloder 2119 m

Hoher Mahdstein 2063 m

Bischof 2127 m

Sonnspitze 2062

Loferer Steinberge

Wilder Kaiser

Kitzbüheler Alpen

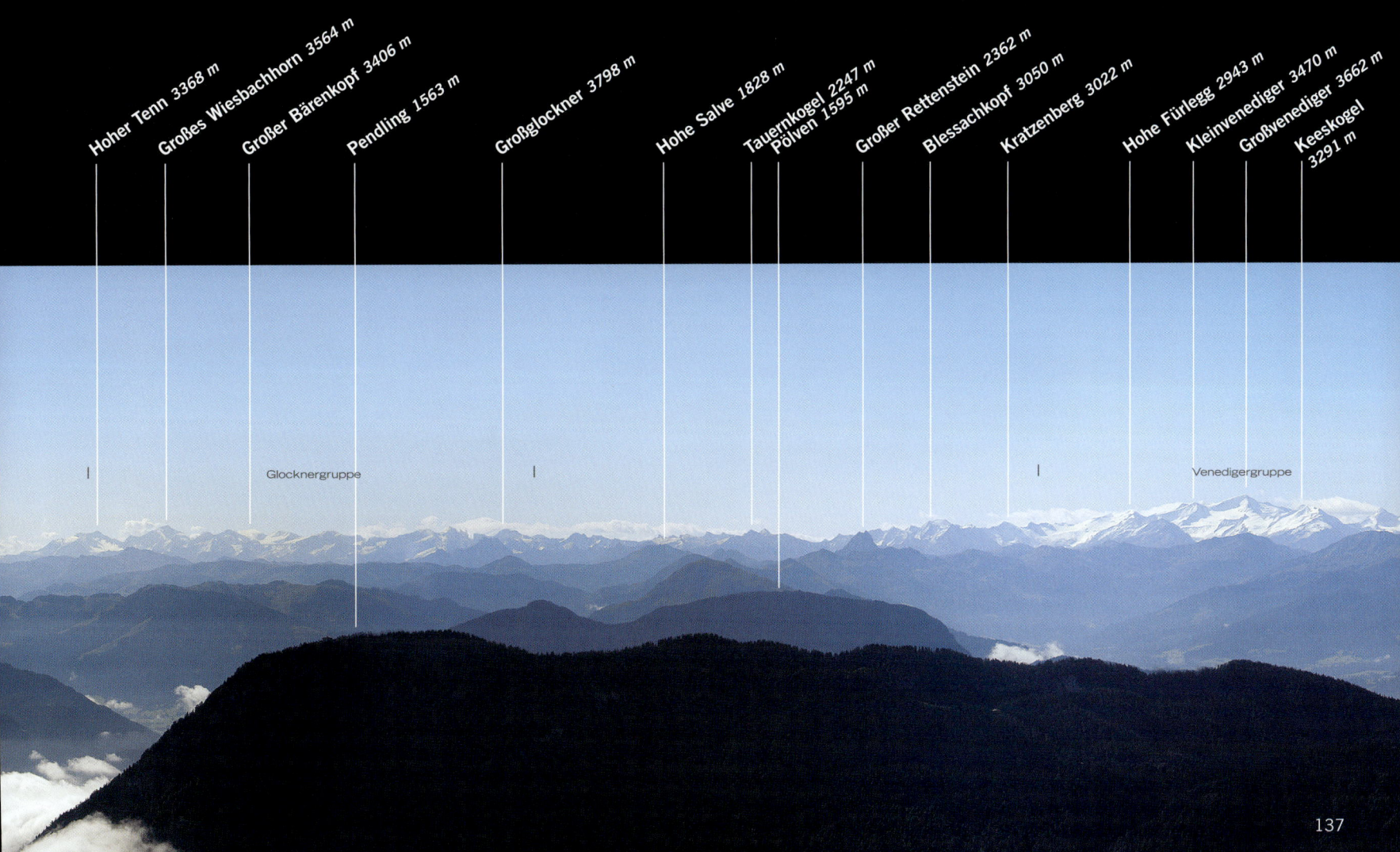

Hoher Tenn 3368 m
Großes Wiesbachhorn 3564 m
Großer Bärenkopf 3406 m
Pendling 1563 m
Großglockner 3798 m
Hohe Salve 1828 m
Tauernkogel 2247 m
Pölven 1595 m
Großer Rettenstein 2362 m
Blessachkopf 3050 m
Kratzenberg 3022 m
Hohe Fürlegg 2943 m
Kleinvenediger 3470 m
Großvenediger 3662 m
Keeskogel 3291 m

Glocknergruppe

Venedigergruppe

Großvenediger 3662 m · Großer Geiger 3360 m · Dreiherrnspitze 3499 m · Rötspitze 3495 m · Wildkarspitze 3076 m · Reichenspitze 3303 m · Zillerkopf 2997 m · Großer Beil 2309 m · Hintere Stangenspitze 3227 m

S

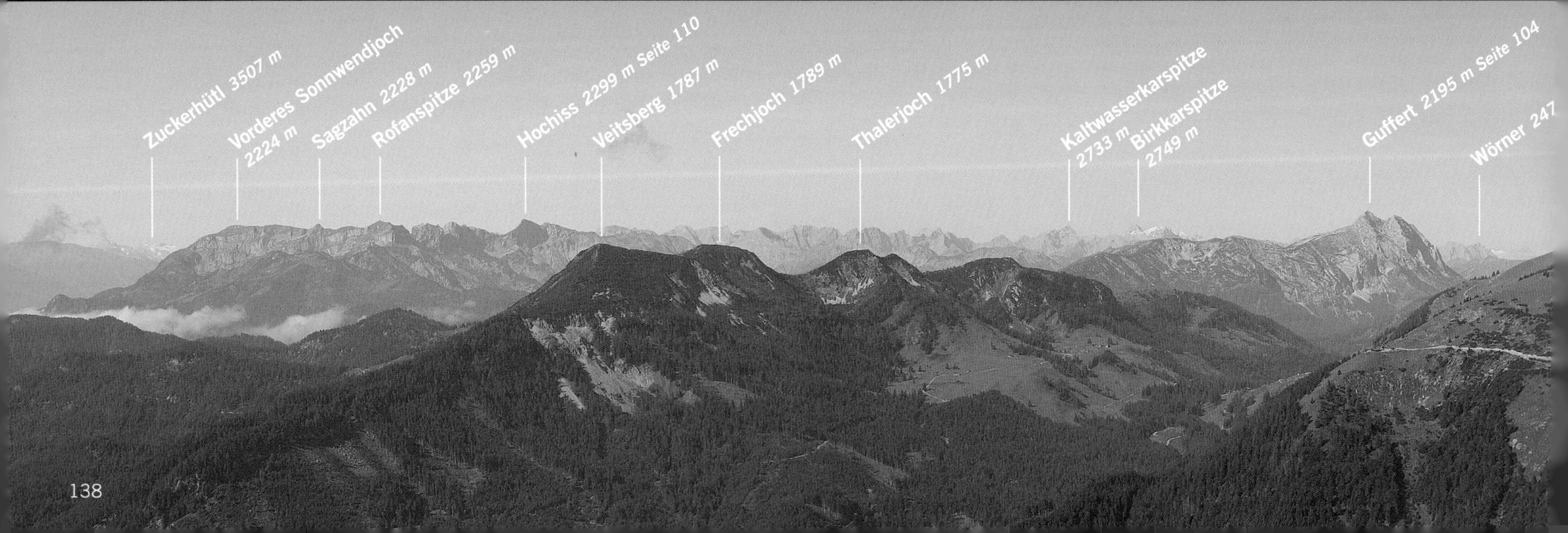

Zuckerhütl 3507 m · Vorderes Sonnwendjoch 2224 m · Sagzahn 2228 m · Rofanspitze 2259 m · Hochiss 2299 m Seite 110 · Veitsberg 1787 m · Frechjoch 1789 m · Thalerjoch 1775 m · Kaltwasserkarspitze 2733 m · Birkkarspitze 2749 m · Guffert 2195 m Seite 104 · Wörner 247

Großer Galtenberg 2424 m

Schwarzenstein 3368 m

Großer Mösler 3478 m

Hochfeiler 3510 m

Gratlspitze 1898 m

Hoher Riffler 3231 m

Olperer 3476 m

Rastkogel 2762 m

Lizumer Reckner 2886 m

Hirzer 2781 m

Kienberg 1788 m

Hinteres Sonnwendjoch 1986 m

Krenspitze 1972 m

Österr. Schinder 1808 m

Bayer. Schinder 1796 m

Kreuzberg 1717 m

Heimgarten 1790 m

Jochberg 1565 m
Seite 40

Buchstein 1701 m

Benediktenwand 1801 m
Seite 64

Risserkogel 1826 m

Setzberg 1706 m
Seite 96

Wallberg 1722 m

Kurzer Anstieg mit großer Wirkung

Nur höhenmäßig steht der Brünnstein im Schatten prominenter Gipfelnachbarn wie Trainsjoch, Großer Traithen und Wendelstein. Denn wer vom Brünnsteinhaus den Dr.-Julius-Mayr-Weg durch die imposante Südwand zum Gipfel emporsteigt, erlebt an diesem nur vermeintlich kleinen Berg Abenteuer pur. Steile Leitern, luftige Felsbänder und ein enger Felsspalt lassen jedes Bergsteigerherz höher schlagen.

Auch an der Westseite müssen an Drahtseilen die Hände zu Hilfe genommen werden. Der Kontrast zwischen dem steilen Gipfelaufbau und dem lieblichen Almgelände nur 200 Meter tiefer könnte kaum größer sein. Für die Brotzeit und Betrachtung des Bergpanoramas lassen sich die meisten an der Kapelle nieder, dabei ist der eigentliche Gipfel noch um 15 Meter höher.

Panoramen zeichnen

Die Fernsicht könnte an unserem Gipfeltag besser sein, Dunst taucht die entfernten Bergketten in ein diffuses Licht. Doch animiert durch unseren Begleiter Jess steht dieses Mal ohnehin nicht die Gipfelbestimmung, sondern die Panoramazeichnung im Vordergrund. Mit Bleistift und Tusche projiziert der erfahrene Künstler die einzelnen Bergketten auf ein Blatt Papier. Wobei es ihm weniger auf die wahrheitsgetreue Übertragung als auf die abstrakte Wahrnehmung ankommt. Das 360-Grad-Panorama setzt er um, indem er die in den vier Himmelsrichtungen erkennbaren Bergketten einfach überlappt.

Freier Blick gen Osten

Da der Brünnstein quasi über dem Inntal liegt, ist vor allem der Blick nach Osten Richtung Chiemgau, Berchtesgadener Alpen inklusive Watzmann, Kaiser, Loferer Steinberge, Kitzbüheler Alpen und Hohe Tauern hervorzuheben. Im Süden zeigt sich der bekannte Olperer von den Zillertaler Alpen.

Anfahrt

Auto

A 8 Ausfahrt Weyarn, B 307 über Schliersee und Bayrischzell ins Sudelfeld, Abzweig Rosengasse;
A 8 Inntalautobahn, Ausfahrt Oberaudorf, im Ort Abzweig Sudelfeldstraße, in Agg links nach Buchau

Gipfelanstiege

● Vom Parkplatz Rosengasse steil durch Wald und durch großzügiges Almgelände zum im oberen Abschnitt drahtseilgesicherten Gipfelhang (2 Std., 550 HM)

● Von Buchau teilweise steil durch Wald zum Brünnsteinhaus und auf dem luftigen Dr.-Julius-Mayr-Klettersteig zum Gipfel (2 1/4 Std., 950 HM)

● Von Mühlau über Rechenau zu Hütte und Gipfel (2 3/4 Std., 1050 HM)

Berghütte

• **Brünnsteinhaus** (1342 m, DAV), Tel. 08033-1431, ganzjährig außer Mitte März bis Ende April und Anfang Nov. bis 26. Dez., www.bruennsteinhaus.de

Fernwanderweg

Via Alpina zwischen Buchau und Traithen

Panoramazeichner über dem Auerbachtal: Das Gebirge rechts auf dem Blatt dürfte der Zahme Kaiser mit der Pyramidenspitze sein.

Bei der zweiten Zeichnung werden die Gebirgsketten einfach überlappt.

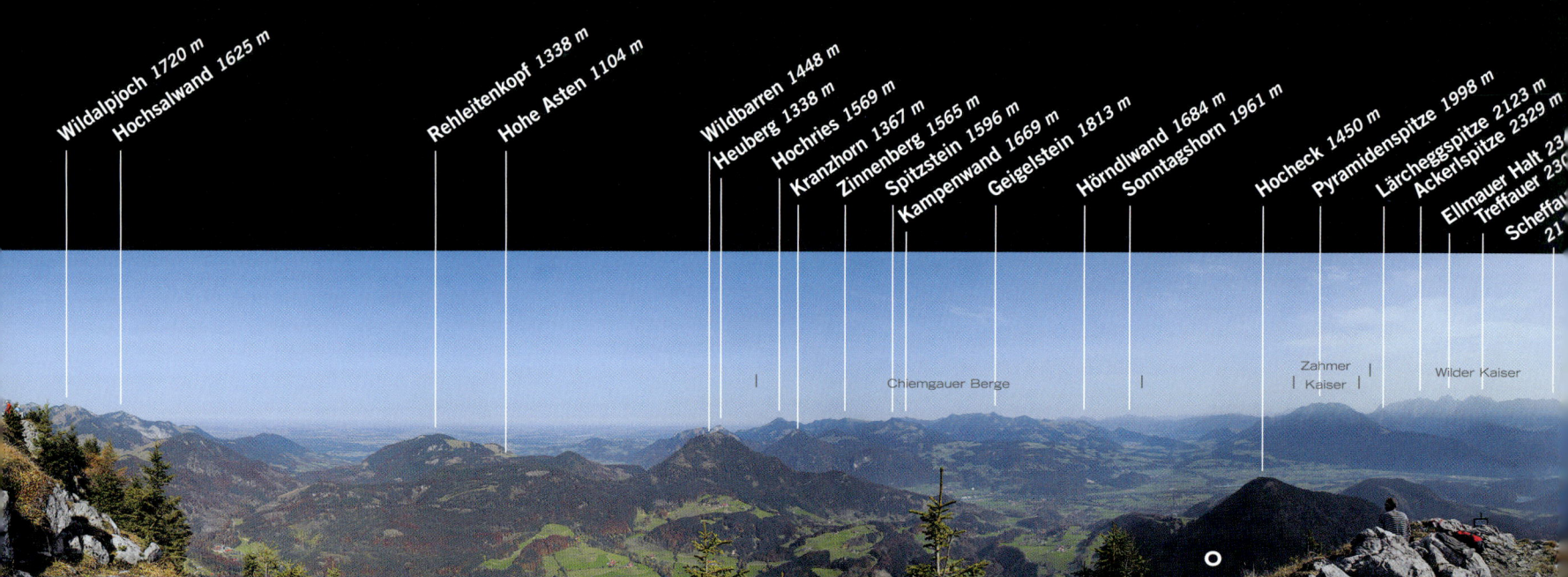

Wildalpjoch 1720 m
Hochsalwand 1625 m
Rehleitenkopf 1338 m
Hohe Asten 1104 m
Wildbarren 1448 m
Heuberg 1338 m
Hochries 1569 m
Kranzhorn 1367 m
Zinnenberg 1565 m
Spitzstein 1596 m
Kampenwand 1669 m
Geigelstein 1813 m
Hörndlwand 1684 m
Sonntagshorn 1961 m
Hocheck 1450 m
Pyramidenspitze 1998 m
Lärcheggspitze 2123 m
Ackerlspitze 2329 m
Ellmauer Halt 23
Treffauer 23
Scheffau
21

Chiemgauer Berge

Zahmer
Kaiser

Wilder Kaiser

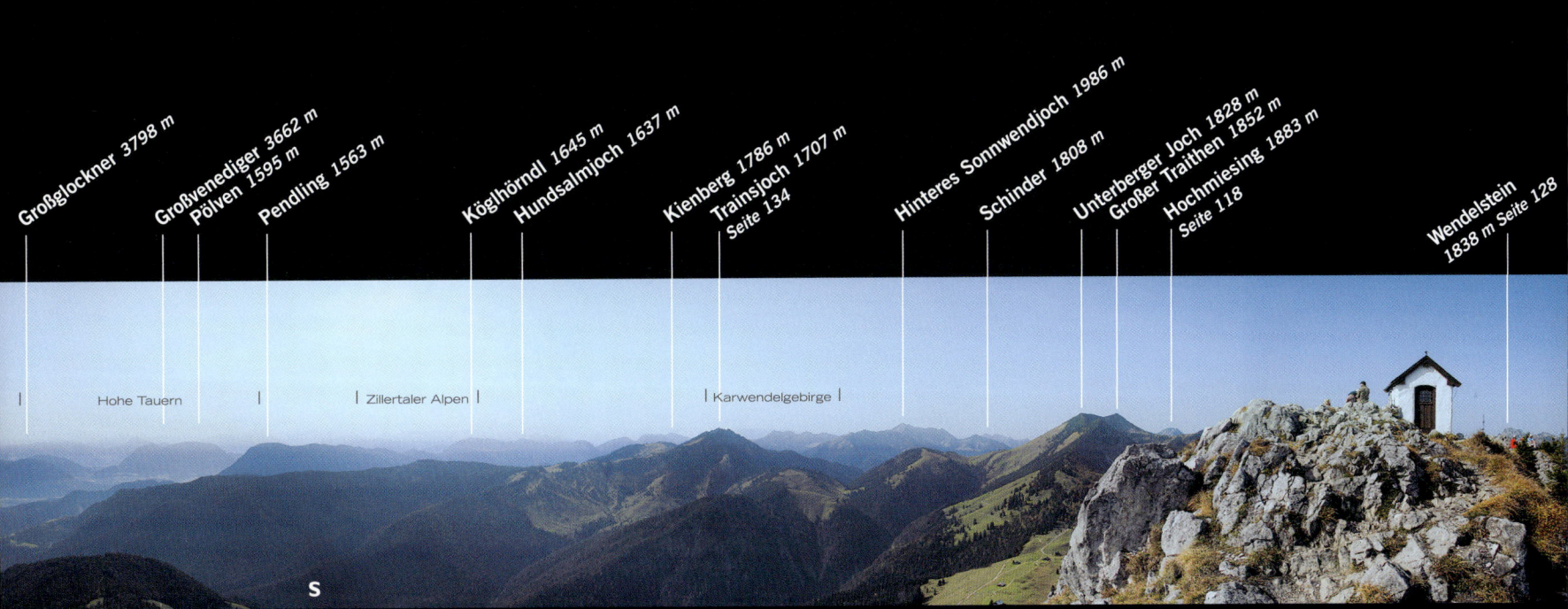

Großglockner 3798 m

Großvenediger 3662 m
Pölven 1595 m

Pendling 1563 m

Köglhörndl 1645 m

Hundsalmjoch 1637 m

Kienberg 1786 m

Trainsjoch 1707 m
Seite 134

Hinteres Sonnwendjoch 1986 m

Schinder 1808 m

Unterberger Joch 1828 m
Großer Traithen 1852 m

Hochmiesing 1883 m
Seite 118

Wendelstein
1838 m *Seite 128*

Hohe Tauern

Zillertaler Alpen

Karwendelgebirge

S

Sämtliche Wandervorschläge und Berggipfel wurden
vom Autor sorgfältigst recherchiert und bestimmt.
Für die Richtigkeit der Angaben kann jedoch
keine Haftung übernommen werden. Hinweise
und Anregungen sind jederzeit willkommen. Wir
freuen uns auf Ihre Zuschrift.

Impressum

frischluft | edition
Verlag GbR
Raiffeisenstraße 2
D - 83629 Neukirchen bei Weyarn

Telefon   + 49 / 80 20 / 90 45 - 42
Telefax   + 49 / 80 20 / 90 45 - 43
E-Mail   info@frischluftedition.de
Internet   www.frischluftedition.de

Autor   Michael Reimer
Grafikdesign   Katrin Susanne Baur
Druck / Repro Lanadruck GmbH

Bildnachweis

Alle Bilder inklusive des Umschlags stammen
von Michael Reimer.

Ausnahme: Katrin Susanne Baur: S. 46,154-159

ISBN 978-3-9814605-0-6

Panorama- und Blumenberg

Der Blaser wird oft als Tirols schönster Blumenberg bezeichnet. Von verschiedenen Orchideen über diverse Enzianarten bis zum rosa-purpurfarbenen Blütenteppich des Heidekrauts präsentiert sich die alpine Flora über viele Monate in Höchstform. Und durch die exponierte Lage hoch über dem Gschnitztal erweist sich der Berg auch trotz seiner relativ geringen Höhe als Parade-Aussichtsgipfel mit großartigem Blick auf die Stubaier und Zillertaler Alpen.

Von Trins im Gschnitztal führen zwei Wege zum Gipfel, in dessen Sichtweite die sympathisch bewirtschaftete Blaserhütte als idealer Einkehr-Stützpunkt liegt. Am besten peilt man die steilere Variante (Weg 31) im Aufstieg an, um im Abstieg die knieschonendere Variante (Weg 30) als gelungene Rundtour abzuschließen.

Anstieg über steile und blumenreiche Bergwiesen

Vom Wanderparkplatz oberhalb von Trins wandert man über die anfangs nur moderat steilen Wiesen, überquert den zur Blaserhütte führenden Fahrweg und folgt dem Pfad in vielen Kehren durch die steile Bachrinnen-Schneise. Im oberen Bergkessel, wo die Blumen vor allem im Frühjahr und Frühsommer um die Wette sprießen, wird das Gelände flacher. Weiter geht es rechts durch eine steile Grasrinne direkt in Richtung Blaserhütte empor, die einladend auf einem großzügigen Geländeabsatz liegt. Hinter der Hütte taucht rechts von der beeindruckenden Serles der nur 60 Meter höhere Blaser-Gipfel auf.

Hochgenuss auf Gipfel und Hütte

Zwar lässt der Berg von seiner Form – ein unscheinbarer Wiesenbuckel – einige Wünsche offen, doch das Gipfelpanorama ist kaum zu toppen: Zwischen Zilltaler und Stubaier Alpen reicht der Blick bis nach Südtirol in die Sarntaler Alpen. Als markanteste Gipfel sind der Olperer (3476 m) und Schrammacher (3410 m) sowie die das Gschnitztal beherrschenden Pflerscher Tribulaun (3097 m) und der majestätische Habicht (3277 m) hervorzuheben. Die Gipfelbestimmung wird einem dank der im Halbrund angeordneten Panoramatafel sehr leicht gemacht. Und nebenbei sind die Gipfelwiesen von etlichen Edelweißen übersät.

Nach gemütlicher Terrassen-Einkehr folgt der Abstieg auf dem Hüttenfahrweg. Dabei können wir an mehreren Stellen auf schönem Steig abkürzen und wandern somit mitten durch die üppige Heidekraut-und-Blaubeer-Vegetation. Bei entsprechendem Herbstlicht leuchten die baumfreien flachen Berghänge in den schönsten Rottönen! Etwas tiefer dominiert zwischenzeitlich die bis zu sechs Meter hoch wachsende Grün-Erle. Am Hablerberg zweigt links ein Wanderweg nach Steinach ab, wir halten uns jedoch rechts und steigen durch den Platzerwald bis zu der Bachschneise unseres Aufstiegs ab, wo sich unsere Runde schließt.

Anfahrt

Auto A 95 und B 2 über Garmisch, Mittenwald und Zirler Berg ins Inntal, A 12 bzw. 13 Richtung Brenner, Ausfahrt Matrei, L 182 Steinach, L 10 Trins (Gschnitztal), in der Ortsmitte rechts 300 m das steile Sträßchen bis zur Schranke am Wanderparkplatz empor

Gipfelanstiege

● Route 30 führt oberhalb von Trins auf dem Hüttenfahrweg bzw. auf abkürzenden Steigen durch den Platzerwald und über flache Wiesenhänge zu Blaserhütte und Gipfel (2 ¾ Std.)

● Route 31 bewältigt den Steilhang auf schmalem Pfad in der Direttissima und quert von Süden kommend über Wiesen und Schutthänge zu Blaserhütte und Gipfel (2 ½ Std.)

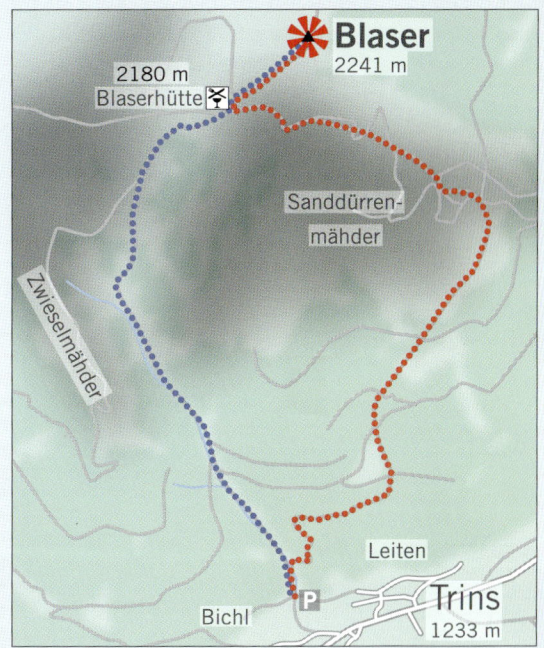

Berghütte

● **Blaserhütte** (2176 m, DAV), Tel. +43 - 52 75 - 52 51, Anfang Juni bis Ende Sept.

Die Panoramatafel erleichtert auf dem Blaser die Gipfelbestimmung.

Hoher Riffler 3231 m

Gefrorene Wandspitzen 3288 m

Olperer 3476 m

Fußstein 3380 m

Schrammacher 3410

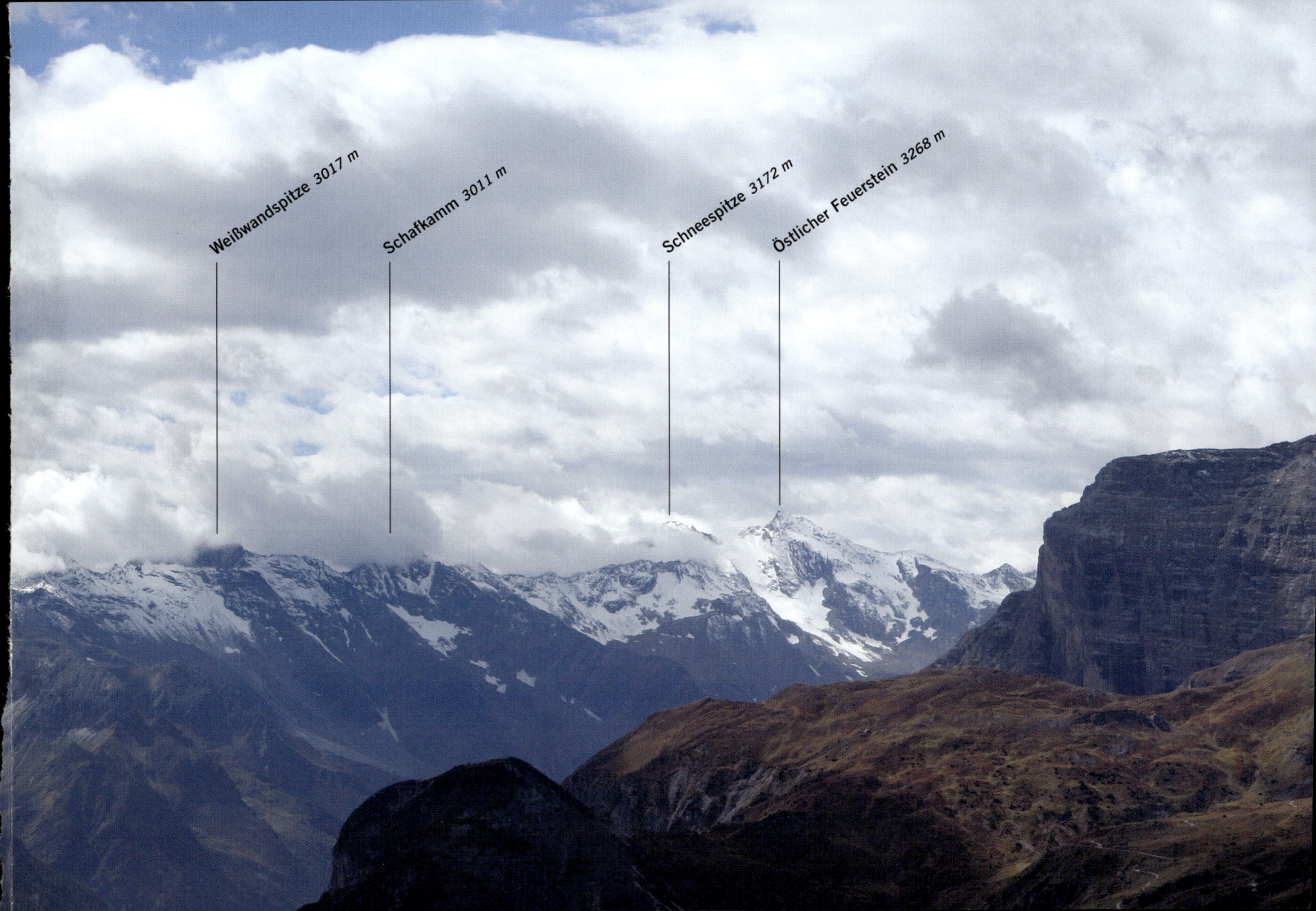

Weißwandspitze 3017 m

Schafkamm 3011 m

Schneespitze 3172 m

Östlicher Feuerstein 3268 m

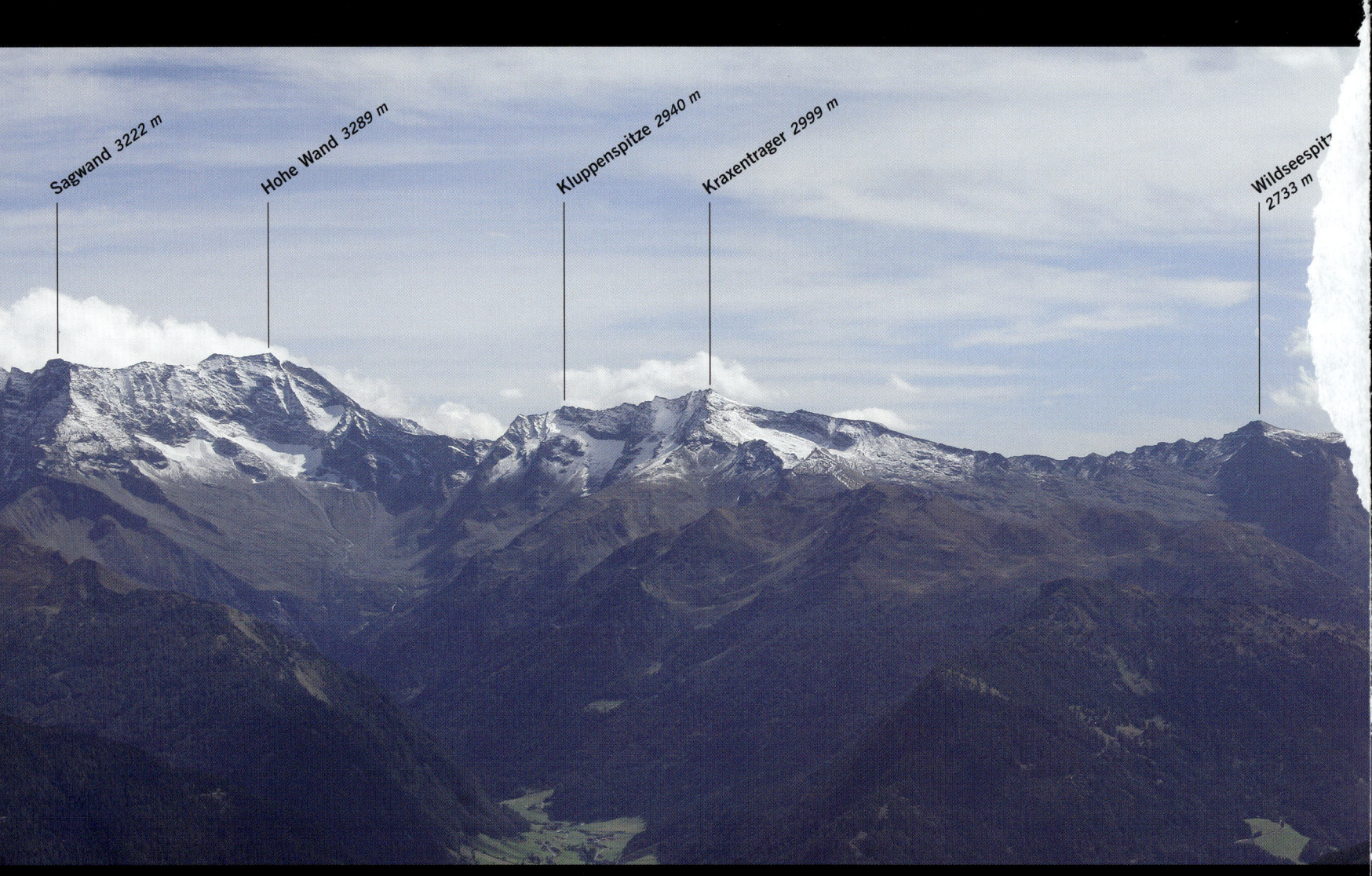

Sagwand 3222 m

Hohe Wand 3289 m

Kluppenspitze 2940 m

Kraxentrager 2999 m

Wildseespitze
2733 m

Grabspitze 3094 m

Wolfendorn 2774 m

Wilde Kreuzspitz 3134 m

Rollspitze 2850 m

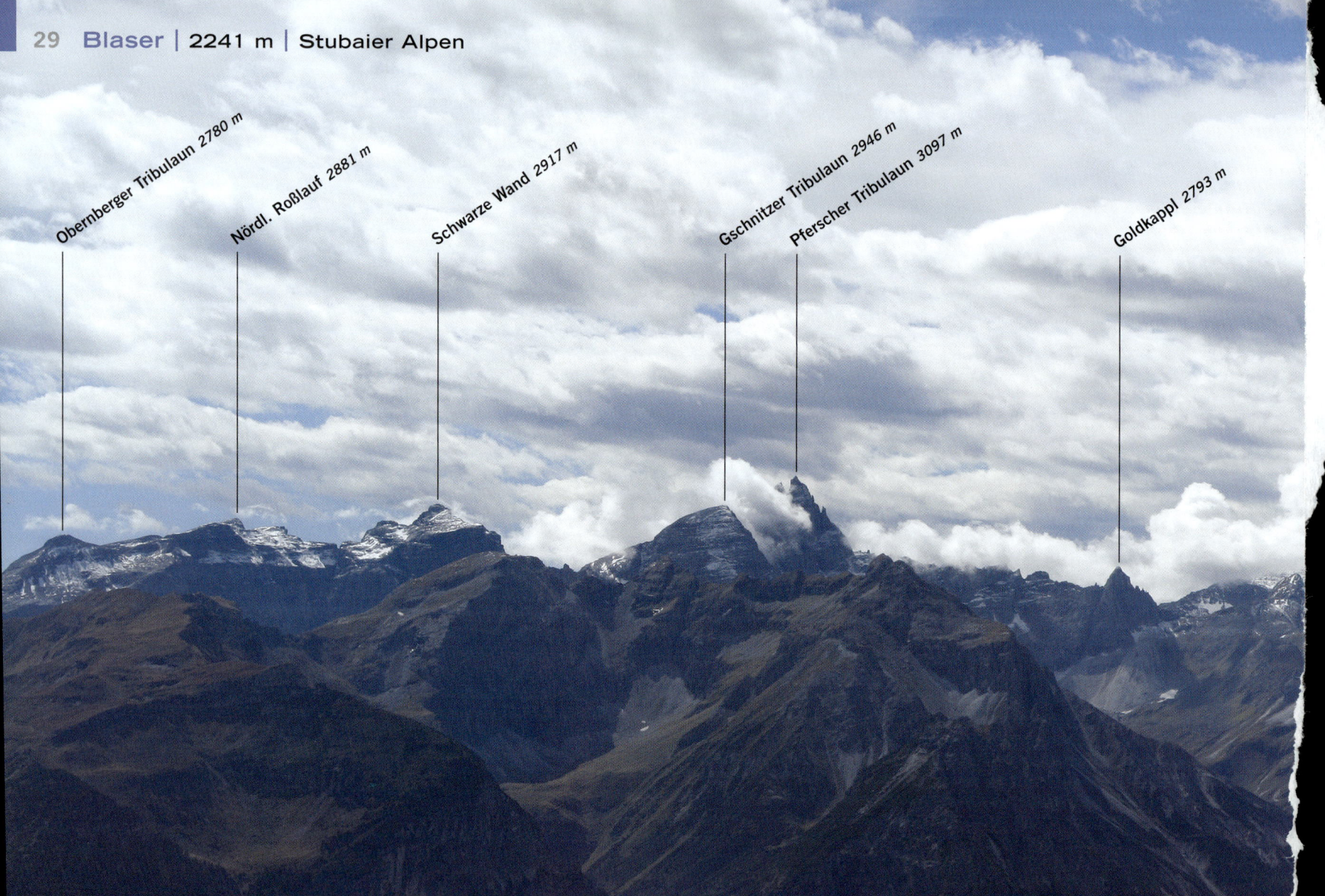

Obernberger Tribulaun 2780 m

Nördl. Roßlauf 2881 m

Schwarze Wand 2917 m

Gschnitzer Tribulaun 2946 m

Pferscher Tribulaun 3097 m

Goldkappl 2793 m

Anfahrt

Auto Inntalautobahn A12 Ausfahrt Vompp, B171 nach Pill, Abzweig Weerberg und bis zum Talschluss nach Innerst (L 301); alternativ Ausfahrt Innsbruck und über Mayrhofen (B 169) nach Vorderlanersbach (L 6 Richtung Hintertux)

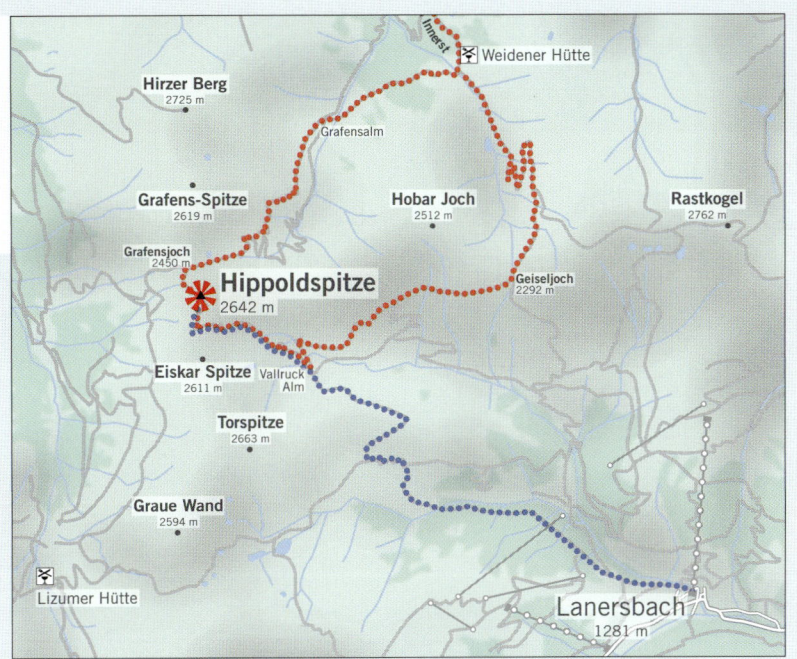

Gipfelanstiege

● Von Innerst zur Weidener Hütte (1 ¾ Std.) und wahlweise auf bezeichneten Steigen über Grafensalm und –sattel (+ 2 ¾ Std., 1500 HM) oder über Nafingalm, Geiseljoch, Vallruckalm und Hippoldjoch (+ 3 Std., 1600 HM)

● Von Vorderlanersbach durch das Torbachtal und rechts abzweigend über die Vallruckalm (4 ½ Std., 1400 HM)

Berghütte

• **Weidener Hütte** (1799 m, DAV), Anfang Juni bis Ende Oktober, Tel. +43-676-7395997

Das seltene Breitblättrige Knabenkraut beim Anstieg durch das Torbachtal

Lizumer Reckner 2886 m

Naviser Reckner 2824 m

Lizumer Sonnenspitze 2831 m

Pflerscher Tribulaun 3097 m

Wilder Freiger 3418 m

Zuckerhütl 3507 m

Habicht 3277 m

Ruderhofspitze 3473 m

Hippoldspitze 2642 m

Malgrübler 2749 m

Sellrain

Hohe Munde 2662 m

Kleiner Solstein 2637 m

Hafelekar 2269 m

Grafensjoch 2450 m

Speckkarspitze 2621 m

Birkkarspitze 2749 m
Großer Bettelwurf 2726 m

Grubenkarspitze 2663 m

Hochglück 2573 m

Hirzer 2781 m

Wildofen 2553 m

Karwendelgebirge

N

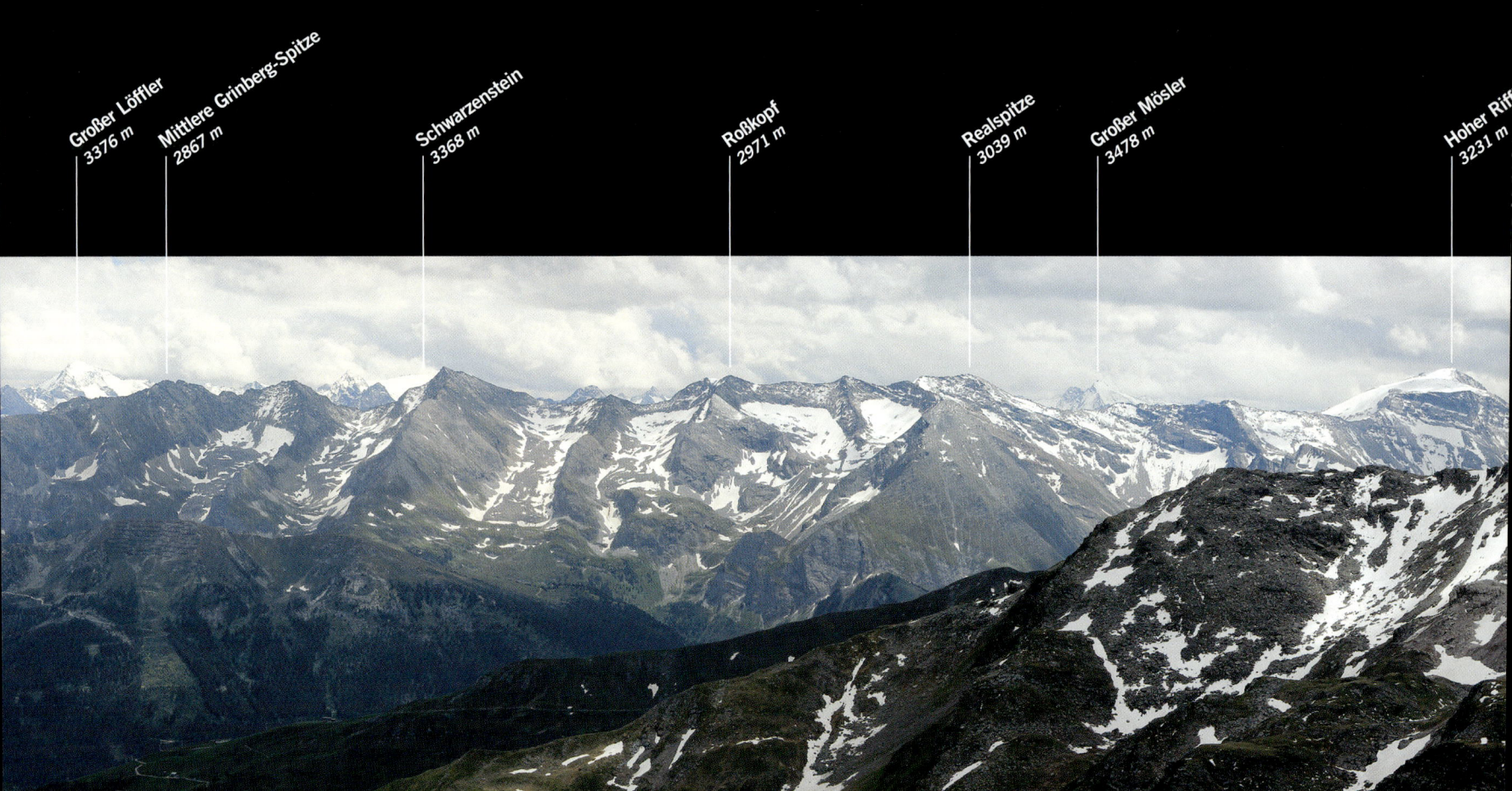

Großer Löffler
3376 m

Mittlere Grinberg-Spitze
2867 m

Schwarzenstein
3368 m

Roßkopf
2971 m

Realspitze
3039 m

Großer Mösler
3478 m

Hoher Riff
3231 m

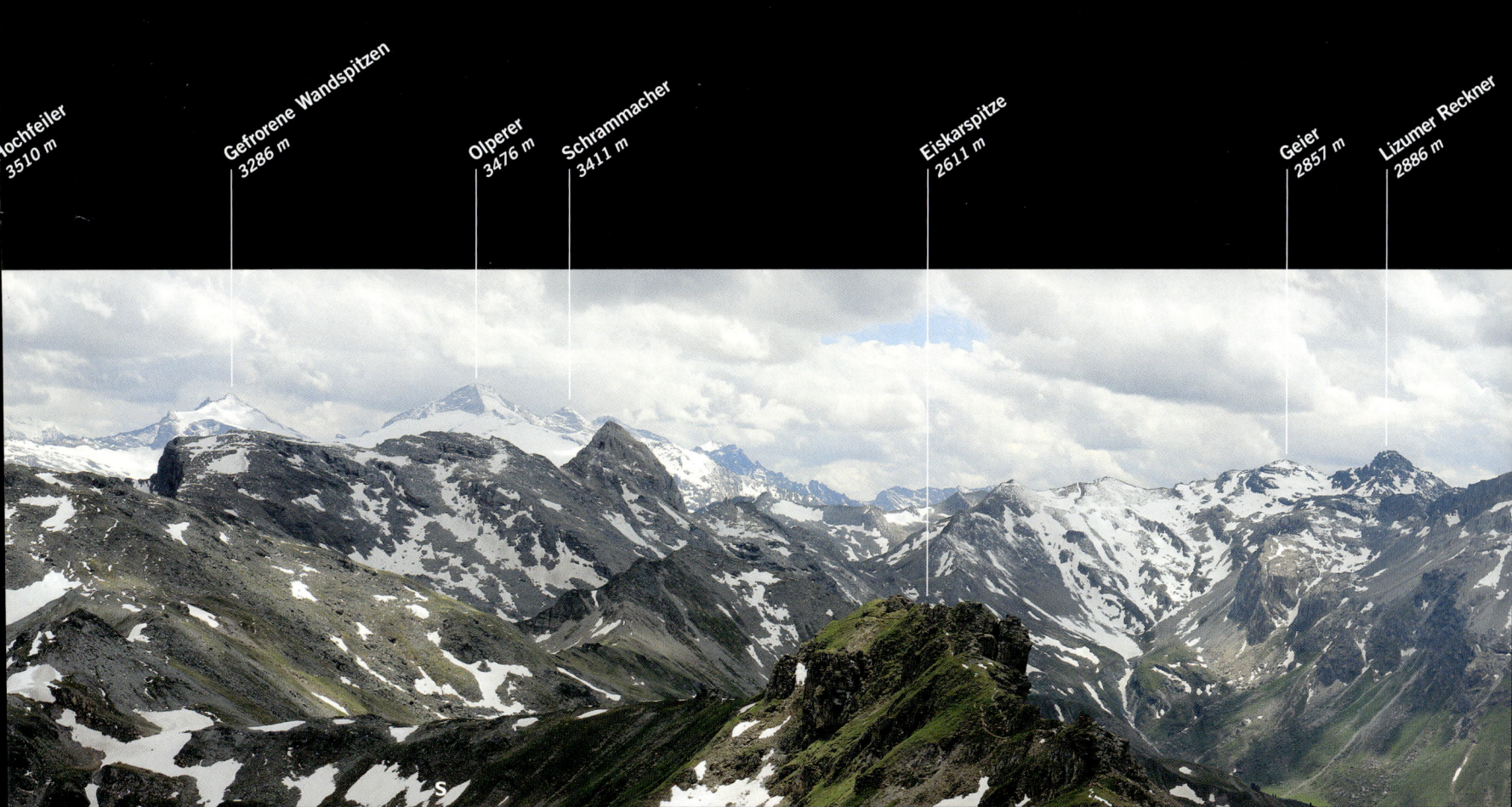

Hochfeiler
3510 m

Gefrorene Wandspitzen
3286 m

Olperer
3476 m

Schrammacher
3411 m

Eiskarspitze
2611 m

Geier
2857 m

Lizumer Reckner
2886 m

S

160